理不尽くもし
懐しむも
どいくなさう
中安彰宏

あきひろ

この本は、3人のために書きました

❶ 上司の理不尽さに、ふりまわされている人。

❷ 自分のこの先が、見えなくなってしまっている人。

❸ へこんでいる人に、希望を与えたい人。

01

プロローグ

理不尽さが、人間を魅力的にする。

上司の言うこと、部下の言うこと、お得意先が言うことは、理不尽の嵐です。

この理不尽が、とてつもなく人間を鍛えるのです。

人生は、毎日つらいことが次々と起こります。

「中谷さんがいちばんつらかったのは、いつですか」と聞かれました。

私がいちばんつらかったのは、サラリーマン時代です。

サラリーマンを経験したら、どこへ行っても生きていけます。

これ以上の修羅場はありません。

男性なら、外国の特殊部隊に入れるレベルです。

女性なら、キャバクラでも銀座のクラブでもナンバーワンになれます。

ふだんからオヤジの扱いに慣れているからです。

私は、サラリーマン時代に「ここでなければどこでもいい」と思っていました。

無条件です。

「辞めたい」と言いながら給料を気にしている人は、実はあまりつらくないのです。

私の中では、会社は最高の刑務所です。

生きていくためのすべてを会社で学びました。

会社はしんどければしんどいほど、いいのです。

上司がいい人だったら、部下は伸びません。

上司がイヤな人であればあるほど、部下が伸びていきます。

サラリーマンは、日々の習慣の中で特殊部隊と同じぐらいのことをやっています。

突然、徴兵制度ができても平気です。

戦うことは、人を助けることです。

ふだんから理不尽の中にいる人は、いざ人を助けなければならない場面で助けに行けるのです。

実力をつけて生き残るために

01

理不尽を楽しもう。

会社は理不尽だらけです。
学生時代の矛盾というレベルではありません。
理不尽のてんこ盛り、理不尽のビュッフェ、理不尽の食べほうだいです。
これだけ理不尽の中でもまれていれば、どこに行ってもやっていけます。
そういう人ほど人間的な魅力がついて、モテモテになるし、部下もついてきます。
韓国映画を見ていると、みんないい体をしています。
韓国には徴兵制度があるからです。
日本にもサラリーマン制度があります。
いざとなったら、日本は負けません。
理不尽が来ても、決して負けないで笑っていられるのです。

実力をつけて生き残るための具体例54

会社を辞めようかなと思ったら読む本 ● 中谷彰宏

- 07 「ひと息に」を、やめよう。
- 08 まとめて「ありがとう」を言わない。
- 09 アクシデントに「ありがとう」を忘れない。
- 10 グチを言いたくなったら、感謝を思い出そう。
- 11 「ピンチの楽しみ方」を覚えよう。
- 12 「そうなのかなあ」と言わない。
- 13 「次の宿題」をもらおう。
- 14 皮1枚で、つながろう。
- 15 ボールから離れたプレーをしよう。
- 16 気づいていないことに、気づこう。

37 お金でもらうより、物々交換しよう。

38 ドMを楽しもう。

39 自信よりも、覚悟を持つ。

40 意味を考えないで、すぐやろう。

41 行動に、条件をつけない。

42 確認しない。

43 すぐには役に立たないことを、やろう。

44 調子のいいときと悪いときで、やり方を変えない。

45 「想定外」に、淡々としていよう。

46 すべて理屈で、把握しようとしない。

47 「普通」を抜け出そう。

48 結果よりプロセスに、やりがいを見出そう。

49 トラブルには、「よくあること」と言おう。

50 仕事を通して、成長しよう。

51 まず、旗を揚げよう。

52 会社を変えずに、仕事のやり方を変えよう。

53 もとの得意先を収入のあてにしない。

54 「どちらも、あり」と考えよう。

CONTENTS

目次

CONTENTS 目次

CONTENTS 目次

CONTENTS 目次

第3章

「自信」より「覚悟」が成功へのキーワードだ。

装丁　戸倉巌（トサカデザイン）
本文レイアウト　清水洋子
編集担当　三宅川修慶（主婦の友社）

第**1**章

ピンチとチャンスは、ワンセットだ。

02

会社を辞めるより、グチ集団から抜け出そう。

景気が悪いのは、「社会が悪い」「政治が悪い」「世界が悪い」といろいろな話になります。

景気の話は、ただ不安になるだけです。

「景気が悪いですね」というのは具体性がありません。

マスコミに出てくる話はだいたい不安な内容です。

「100年に一度の不景気」とは書いても、「100年に一度のビッグチャンス」は新聞ネタにはなりません。

不安材料を書くほうが売れるからです。

でも、「100年に一度の不景気」は裏を返せば「100年に一度のビッグチャンス」でもあります。

不景気のときにもうかっている人がいるのです。

そういう人は新聞の記事にしてもらえないだけです。

悲惨な人だけが新聞の記事になるのです。

この時期にチャンスをつかんでいる人、もうかっている人はちゃんといるのに、そういう話は新聞記事にはならないのです。

私は、この時代が100年に一度というなら、100年に一度のチャンスと感じています。

「今すごいチャンスをつかんでいる人がいます」ともうかっている人の話をします。

そして、そういう人とつきあうようにします。

不動産屋さんで私の本をよく読んでくれて、私のところにもちょくちょく寄ってくれるアンドウ君とたまたまマンションの入り口で会ったときのことです。

「今何やってるの?」

「法人相手の不動産物件の案内をやってるんです」

「単価はどれぐらいのをやってるの？」

「2億とか3億円ぐらいのものを今扱わせてもらってるんですけど」

「どう？」

「今ね、すごい仕事忙しいんです」

と話してくれました。

今まで高かったものが値段がガーンと下がった分だけ、すごく安くなっているので引き合いが多いのです。

今まで5億円だったものが2億円になっていたりします。

そうすると、売る人もいれば買う人もいます。

アンドウ君は「僕がやっている仕事に関しては、すごいラッキーな時代です。おかげさまで忙しいです」と言っていました。

世の中が不景気でも、そういう話を聞きたいです。

こういう話はニュースにも新聞にも載りません。

不安な人は、不安な仲間を集めます。

「景気悪いよね」「悪いよね」と言い合って慰め合おうとするのです。

「メッチャ景気いいんですよ」と言う人がいると、「裏切り者」という感じで話を聞こうとしません。

普通は景気がいい人の話を聞いたほうが参考になります。

どこに階段があるかを見つける必要があるのです。

今自分のまわりは断崖絶壁でも、反対側にまわり込めば階段があります。

階段を見ても「イヤだ」と言って、一気に昇れるエレベーターを探す人がいます。

不安な人は、グチ・悪口・ウワサ話へ流れていきます。

具体的な悩みから、グチ・悪口・ウワサ話は出ません。

「辞めたい、辞めたい」と言う人は、ただ不安なのです。

「この会社に行こうと思うけど、どうですか」というのは具体的な悩みになっています。

「どこかいいところないですか」というのは不安です。

「就職情報誌とか買ってきた?」と聞くと、「まだ買ってきてないけど、あんなのどうなんですか」と言います。

そう言う前にまず買ってみることです。

「引っ越したい」と言う人は不動産屋さんに行きます。

不動産情報誌もあります。

「いくらぐらいなの?」と不動産屋さんの窓に貼ってある物件の紙も見ます。

これが本気で引っ越したいと思っている人です。

漠然と不安で引っ越したいと言う人は、「賃貸情報誌みたいなの買った?」と聞くと、「あんなのどうなんですか」と言います。

「不動産屋さんに行った?」と聞くと「不動産屋さんは信用できない」と言います。

そんなことを言って自力で探せるわけがありません。

不安な人は、不安に思ってグチをたれている人同士で集まります。

断崖絶壁だけを登ろうとする人と、階段を上る人とに分かれるのです。

絶望的になるのは、断崖絶壁を登ろうとするからです。

どんな断崖絶壁にも、登った人がいます。

ということは、階段があるということなのです。
階段を上ろうとするとき、希望がわいてくるのです。

実力をつけて生き残るために

02

グチは1回までで、2回言わない。

03

「そこまでやらなくてもいい」と言われるくらい、目の前のことをやりきる。

「自分の部署でやっていることがあまり面白くないから部署を移りたい」

「好きな部署に移って自分の可能性にチャレンジしたい」

と言う人がいます。

今の部署で面白くないと思いながら部署を異動してもチャンスはつかめません。

今の部署で面白くなってから異動したほうがチャンスをつかめます。

今やっていることをまず完結させてやりきるのです。

どんどん転職を繰り返すのは、やりきらない人です。

「今転職してみたけど、この仕事は面白くない」とほかの仕事を一生懸命探します。

ほかの仕事を探すヒマがあるなら、今の仕事をまず一生懸命やることです。

それを完成させたらほかのところへ移っていいのです。

チャンスをつかむには、今抱えているピンチをとりあえず乗りきる必要がありま
す。

今の状況から逃げるだけでは、次へ移ってもチャンスはつかめません。

今目の前に与えられた仕事をまず完成させ、やりきることです。

「もうそれ以上やらなくていいよ」「そこまでしなくていいよ」と言われるまでやりきります。


仕事をやりきるというのは自己申告ではありません。

「そこまでやらなくていい」と言われたときに、やりきったといえるのです。

「やりきりました」と自分でいくら言っても、誰も認めません。

たとえば、仕事でミスをしたときにリカバーのために頑張ることがあります。

得意先やお客様、先輩に迷惑をかけたときに、マイナス100を頑張ってプラマイゼロにしたのではリカバーしたとはいえません。

本当のリカバーは、マイナス100からプラス100まで持っていき、「何もそこまでやらなくても」と言われるまでやることです。
これが徹底的にやりきるということです。
チャンスをつかんでから徹底的にやるのではありません。
ピンチのときに徹底的にやります。
ピンチを材料にして食べ尽くせばいいのです。

実力をつけて生き残るために 03

クレイジーに、徹底的に、やりきろう。

04

好きな分野に、「ピンチ」はない。

「ピンチ」や「スランプ」という言葉は、好きなことには使いません。

ハワイへ遊びに行って、「明日5時起きで、めっちゃピンチだ」とは言いません。

目覚まし時計をセットしなくても朝5時に目が覚めたりします。

私の母親を旅行に連れていくと、夜中の3時まで話していて、5時ぐらいからゴソゴソし始めます。

「もったいない」と言って、目覚まし時計よりも早く目が覚めます。

それを「忙しい」とは言いません。

嫌いなことをやっていると「朝5時に起きなきゃいけない。忙しい」と言ってしまいます。

仕事の日は目覚まし時計を何個もかけて起きていても、不思議なことに、休みの日は目覚ましなしで早く目が覚めます。

好きなことをやっていると、早く目が覚めるのです。

自分がピンチと思うようなことは、好きなことをやっていないからです。

好きなことにつながっていないのです。

サラリーマンは、「しなければならないこと」がたくさんあります。

ただ「しなければならないこと」だけではなく、「こういうことをやりたいから」という好きなことにつながっている「しなければならないこと」である必要があります。

「英語でカッコいいじゃないですか。ジョン・カビラさんみたいなパーソナリティになりたいんです」と言う人が「英語の勉強が嫌いなんです」と言うのはおかしいです。

したいことの途中にある「しなければならないこと」は、したいことの気持ちが強いと苦ではなくなります。

勉強するとき、「自分は勉強が嫌いだ」と思っていてもいいです。

釣りが好きな人は釣りの本や魚の本を読んだりします。

「自分は勉強嫌い」と言っている人が、魚へんの漢字をたくさん読めるのは勉強しているからです。

どんなことでも自分の好きなことを勉強していくと、その途中で「しなければならないこと」が出てきます。

数学や国語・英語・理科も勉強しなければならないとしても、好きなことにつながっていれば、「しなければならないこと」は苦ではなくなります。

自分の好きな分野に「ピンチ」はないのです。

実力をつけて生き残るために

04

好きなことで、「ピンチ」や「スランプ」と言わない。

05

ピンチのときに笑っていると、チャンスが来る。

東急ハンズに熱帯魚売り場があります。

熱帯魚売り場のおじさんに「熱帯魚を飼うのはむずかしいですか」と聞いたお客様がいました。

私はたまたま横で話を聞いていて、お店の人は「いや、そんなことないですよ」と言うと思っていました。

そうしたら「いやあ、熱帯魚は大変ですよ」と言いました。

「この人はプロだ」と思いました。

お店の人がものを売れないようにするようなセールストークをしたのです。

聞いたお客様はよけい飼う気になりました。

「熱帯魚は大変ですよ」と言うお店の人がすごくうれしそうだったからです。

「いや、むずかしくないですよ」と、つらそうな顔で言われたらイヤです。

本当に好きなものは「めっちゃピンチ」「絶不調」と笑いながら言えばいいのです。

「絶好調」は誰でも笑いながら言えます。

私の父親は競馬をやって「また負けた。アハハ」と笑っています。

負けたときに笑えるから続くのです。

勝ったときには誰でも笑えます。

自分の思いどおりにいかないときに、どれだけ笑えるかが重要なのです。

これが次に続くコツです。

まわりから見ると「勝ったのかな」と思うような感じです。

競馬が終わって父親がニコニコ笑っているので、「今日は勝ったんですか」と聞くと「また負けた」と言います。

それを聞いている母親も怒らずに笑っていました。

こういうことを続ける人はチャンスをつかみます。

うまくいかなかったときに笑っていれば、チャンスは来るのです。
うまくいったときに笑っていると、次に落とし穴にハマります。
うまくいかないことが来たら、「いい流れが来た」と笑えばいいのです。
「うまくいってしまったときに、どうするか」のほうがむずかしいのです。

実力をつけて生き残るために

05

思いどおりいかないときに、笑おう。

06

夢は、現在進行形で書く。

なんのチャンスをつかみたいかは、みんなバラバラです。

「なんとなくチャンスをつかみたい」では、チャンスはつかめません。

「こういうことを自分はやりたい」というのは、英文法の時制でいうと現在形です。

最もいけないのは「やりたかった」という過去形です。

話が次に続かないで終わってしまいます。

チャンスをつかむためには、現在進行形（ｉｎｇ）で言います。

「○○をやりたい」ではなく「○○をやりつつある」にします。

現在形よりも現在進行形のほうがはるかにチャンスをつかめるようになります。

現在形は立ち止まっています。

現在進行形で物事をとらえることです。

完了形も1つの方法です。

たとえば、草野球をやっているときに自分の守備側に内野フライが上がりました。

サードとショートが追いかけています。

ショートの人が「オレがもらった」と言いました。

まだボールをとっていないのに完了形です。

「オレがもらう」ではありません。

英語でも「I have got」と完了形で言います。

「I will get」でもありません。

「I have got（オレがもらった）」と言うと、まわりがその人に譲ります。

今自分がやろうとしていることを「やりたい、やりたい、やりたい」と言う人は、やりません。

「やりつつある」ということは、何か行動が伴わなければなりません。

「何やってるの?」と自分でツッコミが入ります。

次に何かを始めようとするときは、現在進行形にしておけばいいのです。

06

「やりたい」より、「やりつつある」にしよう。

07 あらゆることを、3段跳びに分解する。

今自分のいるところと行きたいところ、理想と現実には距離があります。これは一致する必要はありません。

理想を下げてしまえば、いくらでも一致します。

目標値を下げれば下げるほど今の自分も下がります。

理想と現実とは、永遠に一致しないのです。

その間を詰めるのは、理想を下げることでは決してありません。

今自分がやりたいこと、なりたい自分、今の自分の３つの距離を3等分するのです。

なりたい自分がいて、「そのためには何をやればいいいか」「それになるためには何をやればいいか」を逆算して考えます。

いきなり高い階段をつくるのではなく、3段階に切ります。

「そのためにはまずこれをやろう」とやっていくと、1つの階段の段差が小さくなります。

これが自分自身の気持ちを動かしていくことであり、より具体的にもなっていくのです。

階段の段差が大きいとどうしても連続性を感じられません。

そうすると、「こうなりたい」と思っていても自分自身が信じられません。

「なりたいようになれない自分がいる。しようがない。距離が遠すぎるわ」となります。

そうならないように距離を縮めていく必要があります。

そのためには夢への距離を3等分します。

まず第1段階のところまで近づく作業をやります。

研究開発をしている人は、段階的に階段を減らしていく作業をしています。

実力をつけて生き残るために

07

「ひと息に」を、やめよう。

営業セールスでは、お客様にいきなり買ってもらうというのはむずかしいです。

まず、そのお客様に気に入ってもらうという第1段階があります。

次には、安いもの1つでも買ってもらうという段階があります。

そして、初めて、自分が本当に買ってもらいたい本命の商品にやっとたどり着くのです。

それがあると、その次の段階がまた出てきます。

今度は、それをご家族に買ってもらったり、ほかの人にすすめてもらったり、どんどん先へ行きます。

段階をつくっていくと抵抗がなくなり、今日やったことの意味が生まれてくるのです。

08

「ありがとう」をいちばん多く集める。

チャンスをつかんでいくいちばん簡単な方法は、「ありがとう」をたくさん言うことです。

自分自身が「ありがとう」と言う回数をとにかく蓄積していきます。

サービスマンの最終的な目標は、「ありがとう」をいかに集めていくかです。

「ありがとう」をたくさん集めた人がチャンスをつかんでいきます。

「ありがとう」をたくさん集めるための一歩手前は、まず自分が「ありがとう」をたくさん言うことです。

一日に何回「ありがとう」を言っているかです。

たとえば、タクシーの運転手さんに言った、コンビニで言った、部下に言った、お昼ごはんを食べたときに言ったというように、一日を振り返ってみます。

小さい「ありがとう」でいいのです。

「ここで言えたのに言わなかった」という部分でチャンスを逃します。

「ありがとう」を言う機会は、言わなければならないところと言わなくていいところがあります。

言わなくてもいいところでも言っておくことで、「ありがとう」を言う回数は無限に増えます。

言わなければならないところで「ありがとう」を節約すると損です。

それだけチャンスを失っていきます。

相手からすると、「なんでこんなところで『ありがとう』って言うの？」とけげんに思うことはありません。

けげんに思われるぐらいまで言えばいいのです。

お金を払ってものを買ったお客様でも「ありがとう」と大阪では言います。

大阪は必ず売り手も買い手も「ありがとう」なのです。

買ってもらって「ありがとうございました」と言うのは当たり前です。
でも、それを売ってもらった側も「ありがとう」なのです。
さらに、大阪の場合は「おおきに」がつきます。
「おおきに。ありがとう」で倍づけなのです。

実力をつけて生き残るために

08

まとめて「ありがとう」を言わない。

09

「ありがとう」で、次のチャンスが見える。

「ありがとう」と言われて感じが悪くなることはありません。

そこにチャンスが必ずやってきます。


たとえば、お客様からクレームをいただきました。

通常は「すみません」とおわびします。

そうではなくて、「わざわざお電話までいただいてありがとうございます」「教えていただいてありがとうございます」と言えばいいのです。

クレームを言ってくださるお客様に感謝の気持ちで「ありがとうございます」と言うことがいちばん大切です。

クレームを言ったお客様がいちばん求めている言葉は「ありがとうございます」で

す。

「すみません」ではありません。

これを言える人と言えない人に分かれるのです。

お客様からおしかりを受けたり上司からしかられたら、「ありがとうございます」です。

ピンチに対して「ありがとうございます」と言えるということです。

チャンスに「ありがとうございます」は誰でも言えます。

ピンチ、アクシデント、ハプニングに対しても、どれだけ「ありがとうございます」が言えるかです。

「ありがとうございます」と言った瞬間に必ず次のチャンスが見えてきます。

「ありがとうございます」と言わずに「すみません」と言い続けているだけでは、チャンスは見えてきません。

せっかくあるチャンスが霧にかかって見えなくなるのです。

「あるのに、そこに」というときでも見えません。

きわめて簡単なことです。

「ありがとう」をたくさん言っていると、今度は「ありがとう」と言われることも増えます。

「ありがとう」は、人から言われる回数と自分が言う回数は一致しています。

「ありがとう」を言ってもらえない人は、自分が言っていないのです。

誰でも「ありがとう」と言ってもらいたいのです。

サービス業は、「ありがとう」を何回言われたかの総体が会社の売り上げになります。

そのためには「ありがとう」と言える必要があります。

このときに、上から目線でいると「ありがとう」が出てきません。

自分の後輩や部下、ライバルに対しても「ありがとう」と言えることが大切なのです。

「辞めようかな」と思うのは、しなければならないことが、たくさんあるときではありません。

次にやるべきことが、見えなくなったとき、「辞めようかな」と感じてしまうのです。

この手詰まり感を抜け出す方法があります。

次にやるべきことが見つからなくなったら、誰かに、「ありがとう」と言ってみるのです。

そうすると、するべきことが見えてきます。

実力をつけて生き残るために 09

アクシデントに「ありがとう」を忘れない。

10
「ありがとう」と言えると、気づきがある。

「ありがとう」と言うたびに、その人のキャパはどんどん広がります。

気づきのセンサーもどんどん敏感になります。

これが習慣化すると、なんに対しても「ありがとう」と言えるようになるのです。

なんか「ありがとう」と言うチャンスがないかというぐらい「ありがとう」という言葉を覚えるだけでいいのです。

英語の「サンキュー」はとても多く使われます。

何を言っても「サンキュー」です。

飛行機の機内アナウンスを言い終わったあとにも「サンキュー」と言います。

「サンキュー」を言っておいたほうがいいということを知っているのです。

誰か成功した人のマネをしている可能性があります。

会社の敷地内に、「芝生に入らないでください」と「入るな」マークが立ててあります。

「芝生に入らないでください」と言われると、なんか楽しくありません。

こういうときの表記は「芝生に入らないでくれてありがとう」です。

トイレでも、「トイレは清潔に」と書いてあると、怒られている感じがします。

男性用トイレには「もう1歩前へ」とたいてい書いてあります。

それも「いつも清潔に使っていただいてありがとうございます」と書けばいいのです。

「ありがとう」という言葉を使わなくても表現できることを、「ありがとう」を使った表現に変えることは、いくらでもできるのです。

「○○してください」という命令文は、「○○してくださってありがとう」という文章に全部書きかえられます。

このようにすると、命令文はなくなります。

究極は、「○○をしてくれてありがとう」ではありません。

「そこにいてくれてありがとう」です。

自分のそばにいてくれるだけでありがたいという気持ちになってくると、その人には応援者が集まります。

チャンスをつかむということは、応援してくれる人がいるということです。

まわりの人がその人を応援したくなるのです。

「なんか応援してあげたくなる」と思われる人がチャンスをつかむのです。

頑張って、まじめで一生懸命でも、肩ひじを張りすぎる人がいます。

そのために「応援してあげたいけど、あれだけ肩ひじ張られると応援しにくい」となってしまって、チャンスを失います。

「ありがとう」と言うことによって、応援してあげたくなったり、応援してあげる空気が生まれるのです。

よく「日本社会は、人の足を引っ張る」と言いますが、そうなると、人を応援してあげたくなくなる空気が生まれます。

「かわいげがない」とか「人間力がない」「人間的魅力がない」と言います。
よけいなところでケンカをしていると損をしてしまうのです。

実力をつけて生き残るために

10

グチを言いたくなったら、感謝を思い出そう。

11

ピンチを楽しむ。

私自身はO型なので、「もっとこうしたほうがいいよ」と忠告をされたりすると「わかってるやん」とちょっとムッとします。

これはO型だけでなく、たいていの人がそうです。

忠告されて気持ちいいものはありません。

この気持ち悪さを乗り越えるためには、忠告されたときに「言ってくださってありがとうございます」と言います。

そうすると、イニシアチブをとることができます。

たとえば、お客様からクレームをいただきました。

これほどのチャンスはありません。

クレームはピンチばかりではないのです。

そのお客様を一生のファンにするチャンスです。

チャンスにする方法は、クレームを言ってきたお客様に「ありがとうございます」と言うことです。


クレームを言われて「すみません」と言っていると、どこまで行ってもイニシアチブを相手にとられます。


自分が守り側に入っているのです。

守りではなく、攻めればいいのです。

攻めていくには、クレームを言っていただいたお客様に「ありがとうございます。ほかにないですか。もっと言ってください」と言います。

「いや、もうないよ」と言われても、「隠さないで言ってください。もっとあるはずです。明日電話しますからもっと言ってください」と言うことです。

お客様は「もうかけてこないでね」という気持ちでも、「明日直接うかがいますから、もっと言ってください」と言っておけばいいのです。

部下にとっては、上司にしかられるのもクレームの一種です。

それも「もっと言ってください」と言うと、やがて小言を言われなくなります。

小言やクレームは面白いもので、逃げれば逃げるほど追いかけてきます。

犬と同じで、逃げたらダメなのです。

「もっと言ってください」と言っているうちに、その言っていることが自分の耳に入ってくるようになります。

逃げていると、小言が耳に入りません。

「そんなこといったって」という逃げる気持ちになって、魚でいう「ここ、おいしいところなのに」というところが味わえなくなります。

ピンチを乗り越えチャンスをつかむには、チャンスをどうするかということを考えなくていいのです。

ピンチとどうつきあっていくか、ピンチをどう楽しんでいくかを考えます。

ピンチで盛り上がれれば、ピンチは怖くありません。

ピンチから逃げるとピンチはいつまでも追いかけてきます。

ピンチから逃げないことです。

ピンチがあるから「007」の映画は成り立つのです。

やることなすことうまくいくと、「なんだこれ」となります。

そんな「007」は面白くありません。

断崖絶壁から落ちてアーッというときにパラシュートがパーンと開いて、ユニオンジャックが出て、チャーチャッチャチャーンと、いつもの音楽が入るわけです。

すべて問題なく、きれいなボンドガールともうまくいっていたら「何これ、自慢?」と思います。

チャーチャッチャチャーンというテーマも、ピンチがあって初めて入れることができるのです。

実力をつけて生き残るために

11

「ピンチの楽しみ方」を覚えよう。

12

素直力を持つ。

私はアドバイスをするときに「こうしなさい」とは言いません。

決めるのは、本人です。

「こうやったらこうなると思うよ」「Aということをしたらこうなって、Bということをしたらこうなっていくと思うよ」と言うと、「どっちがいいんでしょう」と聞く人がいます。

そうしたら「決めるのは君自身であって、僕だったらこうするけどな」というアドバイスをします。

このときの返事次第で、「言ってよかったな。この人はこのピンチを乗り越えていくだろうな」という人とそうでない人に分かれます。

それには1つキーワードがあります。

「僕だったらこうするけどな」と言ったときに、「そうなのかなあ」と返事をする人がいます。

これは乗り越えられない人です。

友達でも恋愛でも仕事でも趣味でも、なんでも相談にのってあげたときに、「そうなのかなあ」という返事は、一見納得しているように聞こえます。

でも、納得できていないのです。

「はい、わかりました」とテンション低く言う人は、わかっていません。

1回相手が言ったことを「なるほどね」とのみ込める人は、そのピンチを乗り越えられます。

これは素直力です。

相談をすると、今までの自分の発想と違うアドバイスをされます。

そのアドバイスは自分にとっては受け入れがたいものです。

今までしたことがない発想で、初めて考えるようなことを言われたときにでも、

「ああ、なるほどな。そういう考え方もありだな」と思えた人はワンステップ上がれます。

ところが、「そうなのかなあ」とつい思ってしまいがちなのです。

講演を聞いていても、本を読んでいても、何を聞いても「そうなのかなあ」と思う人と、「なるほど、面白いね。そんな考え方もあるんだね」と思える人がいます。

相談をしたときだけでなく、本を読んだり、映画を見たり、テレビを見たり、仕事をしているとき、どんなときでも、この2つに分かれます。

毎日がこの積み重ねなのです。

24時間・365日「なるほど」を続けると、その人がピンチを乗り越えて成長していきます。

これは一直線ではありません。

ジグザグで成長していくか、下がっていくかの2通りに分かれます。

「なるほどね」という素直力は吸収力です。

吸収力を持っていると上がっていけます。

実力をつけて生き残るために

12

「そうなのかなあ」と言わない。

「そうなのかなあ」と言っていると、何も受け入れられないのです。

「そうなのかなあ」がたまってくると「辞めようかな」になります。

「なるほどね」と思う人は「辞めようかな」を乗り越えられます。

「そうなのかなあ」と言いそうになったら、チャンスです。

言ってしまってからでもいい。

「なるほどね」とつけ加えると、流れが変わります。

「これは、これで、面白いね」となっていくのです。

13

次につなぐキッカケを残す。

私は高校時代に将棋をやっていました。

将棋で負けたときは、悔しくても「なるほどね」と思いました。

「なるほどね」とのみ込むことによって、その負けは負けではなくなります。

たまたまそのときに負けただけです。

イチローは三振をしてベンチに戻るときにうなずくことがあります。

落合博満選手が現役時代、3球ともバットを振らないでミットまで見て三振ということがありました。

そのときも、「今のはストライクと違うだろう」と思うようなことがあっても、「なるほどね。審判はこれをストライクととるんだな。わかった」と下がるか、そこでふてくされて帰る人かに分かれます。

首をひねって帰るのは流れがいちばん悪くなります。

開発の現場では、「これでうまくいく」と思ったことが、試してみると何か不具合が発生することもあります。

「おかしい。そうなのかな」と言う人は、やがて「なんで」と否定的な気持ちになります。

不具合が発生したときでも、「なるほどね。こういうふうにするとこういう不具合が発生するんだな」と思うと、その次へ進めます。

大切なのは、次へ進める気持ちを残しておくことです。

うまくいくかいかないかではありません。

ピンチで負けになることはないのです。

負けになるのは、次に試してみようという気持ちがなくなることです。

たとえば、営業をしている人は、買ってくれると思っていたお客様が買ってくれないときにいちばん落ち込みます。

セールスの面白さは、買ってくれると思う人が買ってくれなくて、まず買わないだろうと思う人が買ってくれることです。

買わないだろうと思っていた人が買ってくれると、「え、買ってくれるんですか」とびっくりします。

最初からノリ気で聞いていて買ってくれると思っていたのに、「やっぱりもう一度考えてみます」といって流れてしまうと落ち込みます。

そのときも、「おかしい」「なんで」という否定的なことではなくて、「なるほどね」と先に言ってしまうことです。

理由はわからないうちからです。

理由がわかってから「なるほどね」ではありません。

次のキッカケを常に残しながらあらゆることをやるのです。

営業でも実験でも、あらゆるトライを負けにしないためには、次へのキッカケを残しておくことです。

失敗したり、お客様に断られたり、実験がうまくいかなかったときに「なるほどね」と言うと、「え、『なるほど』って何が原因だったんですか」と聞かれます。

そのときは「今考えている」でいいのです。

「これがよくなかったから今度はこうしよう」と、次につないでいくことです。

今がどうかではなく、次につないでいくキッカケを常に残しておくことが大切なのです。

実力をつけて生き残るために

13

「次の宿題」をもらおう。

14 「上から目線」では、気づけない。

仕事でいちばん大切なのは決裂させないことです。

自分の主張も伝える必要はあります。

ただ、どんなことがあっても決裂はさせません。

皮1枚でもつないでいきます。

「皮1枚」という表現は、ギリギリいっぱいでアウトの意味で使われがちです。

そうではなくて、まだ首の皮1枚でもつながっているとポジティブに考えればいいのです。

皮1枚で踏んばることが重要です。

子どものときに「アメを落として3秒までセーフ」と言っていたのと同じです。

皮1枚でセーフなのです。

予備校時代、寮でペヤングソースやきそばをつくっていて、湯切りのときにちょっとした油断で麺がシンクに流れ出てしまいました。

排水口のふたのひだにハマらなければセーフ、たとえハマっても瞬時に上げればセーフでした。

セーフの状態を「まだ生きている」とも言います。

子どものときは「セーフ」をよく使いましたが、大人になると、なかなか使わなくなります。

どんなときもつながっていく、セーフになるフックのようなものがあります。

あとはそれに気づくかどうかです。

次のチャンスがあるのです。

映画でいうと、伏線が敷かれている状況です。

「ここにまだチャンスがあるじゃん」と、その伏線に気づく力が必要です。

気づくためには、まず上から目線にならないことです。

上から目線でいると、気づけなくなります。

下から目線もよくありません。

対等の目線で見ないと気づけなくなります。

上司が部下を育てるとき、部下が上司と一緒に仕事をするとき、上から目線や下から目線ではどちらも気づけません。

気づくためには、常に目線は対等でいることが大切なのです。

実力をつけて生き残るために

14

皮1枚で、つながろう。

15 ボールから遠い位置にあるとき、するべきことを考える。

サッカーにたとえると、敵側に攻められていることをピンチと考えます。

もう1つ、個人におけるピンチもあります。

前半45分、後半45分のサッカーの試合で、「自分、全然ボールに触れていない」というのも個人にとってのピンチです。

「サッカーの試合で一度もボールに触らなかった。自分がボールから遠いところにいる。なんか自分、ここで一緒にやってる気がしない」と感じることは、組織のチームプレーで働いているときによく起こります。

組織で働いているときに「何をやっているのかわからない。面白くない」と感じるのは、個人にとっては精神的に大きなピンチです。

サッカーの超一流選手はボールに触っているときがすごいのではありません。

ボールから最も遠いところにいるときにすごく考えて、すごく動いている人が超一流選手です。

通常は、シュートがうまい、ディフェンスがうまい、切り返しがうまい、パスがうまいと、ボールに触っている人を評価しています。

超一流の監督はそんなところは見ていません。

90分間の試合でボールに1つも触らなくてもよく動いていた、よく考えていたというところを見るのです。

チームプレーでは、ボールから最も遠いところにいるときに何を考え、どう動いているかがいちばん大切なのです。

これがチームの勝敗にかかわります。

ボールに近いところにいる人間だけでやっているチームは負けます。

ボールの近くにいるときにやっていることでチャンスがつかめるのではありません。

ボールから遠くにいるときにチャンスがあります。

アシストの役目、手伝いの役目、地味な裏方の仕事をしているときにこそチャンスが来るのです。

このときに何を考えて、どう動いているかです。

ボールに近づけば誰でも考えたり動いたりします。

「だって、ボールから遠いですもん」と不平不満が出るのは、ボールから遠くて自分が何をやっているのかよくわからないときです。

実際に大きな差が出るのはボールから遠いところにいるときです。

そのときに自分が何を考えているかが大切なのです。

実力をつけて生き残るために

15

ボールから離れたプレーをしよう。

16 気づかない→気づく→変える→無意識にできる。

気づいていないことがあっても、それにあるとき気づけば、変えられます。

気づいていないことを変えることはできません。

会社の社風やその人の生き方も全部そうです。

成功している人は「私は特に変わったことはやっていません」「当たり前のことしかやっていません」と言います。

失敗している人も「私もみんなと同じようにやっています」と言います。

うまくいくことも、うまくいかないことも、原因は気づかないことです。

気づくから変えられるのです。

変えたことは、やがて身について習慣になっていくと無意識になります。

前の気づいていない段階と同じところに行くのです。

気づいていない段階に戻ったわけではありません。

1段上に上がっているのです。

前と同じように無意識にやっていることでも、前とは違うところへ行っています。

人間はらせん状に進化をします。

同じように気づいていないのです。

ある人に「朝は何時に起きるんですか」と聞くと「朝5時ですけど」という答えでした。

「早いですね」と言うと、「いや、もうこれ当たり前になってますから」と言われました。

毎日のことなので早いも何もないのです。

頑張って5時に起きているわけではありません。

築地の中央市場に勤めている人は午前3時に市場に行っています。

「朝3時は大変ですよね」と言うと、「特に大変ではないです。もう50年、これでやってますから」と言われます。
これが当たり前の生活リズムになっているのです。

実力をつけて生き残るために

16

気づいていないことに、気づこう。

17

成功する前に、失敗しておく。

うまくいかないときは、うまくいかない当たり前の流れに入っています。

まず気づくことがありません。

「そうなのかなあ」と言っていると、気づけません。

「なるほどね」と言い始めたときに気づけるようになるのです。

それもうまくいっていないときのほうが気づけます。

うまくいっているときは、何が原因でうまくいっているか、うまくいかないかがわかりません。

うまくいかないことがあったときに初めて、「なるほどね。こうやるとうまくいかないじゃん」といちばん重要なポイントがわかります。

思いどおりにいかない、思ったとおりの結果が出ないことが大切です。思ったとおりのいい結果が出てしまうと、何が原因でそのいい結果が出たのかがわからなくなります。

たとえば、商品の企画をしているとき、自分の出したアイデアが売れて大ヒットにつながることがあります。

何が原因で売れたかわかりません。

本人はインタビューを受けると「これこれこういう原因で売れた」と言います。

これでは第2弾は、はずします。

第2弾ははずしたほうがいいのです。

それによって、「これが原因で第1弾がうまくいったんだ」とわかります。

運が悪いと第2弾も当たってしまうことがあります。

これはきわめて危険なことです。

次もいけると思い、第3弾に多額の予算がかかってしまいます。

そこでしくじると大きな損失が出て再起不能になります。

成功と失敗は両方を経験する必要があります。

ピンチとチャンスはワンセットです。

どちらを先にやるかだけのことです。

ピンチとチャンスのどちらがいいかは自分で選べます。

新たなプロジェクトを、景気がいいときに始めるか景気が悪いときに始めるかは自由です。

景気のいいときと悪いときがあるのが、資本主義経済です。

景気がいいときに商売を始めた人は失敗します。

やり方が甘くなるのです。

景気が悪いときに商売を始めた人はかなり厳しくやるので、景気がよくなったときにもっと成功します。

あらゆるプロジェクトは、向かい風のときにやるのが最も正しい始め方なのです。

追い風のときにやってしまうと、追い風でのっているのか、自分の力でのっているのかがわからなくなってしまいます。

そうすると、逆風になったときに大きく転んで再起不能になります。
これはいちばんやってはいけないことです。
続けていくためには、先に失敗したりピンチに追い込まれることが大切なのです。

実力をつけて生き残るために

17

人より早く、失敗しよう。

第2章

「不安」と「悩み」は別のもの。

18

妄想とは、ディテールを考えることだ。

よく「想像力」が必要といわれます。
想像では弱いです。
必要なのは「妄想力」です。
「妄想」はエッチなことだけではありません。
妄想では、どれだけディテールが想像できるかが大切です。
抽象的な妄想はありません。
妄想は必ず具体的です。
ディテールまで細かく出てくるのが妄想です。
迷いを断ち切るには妄想が必要です。

妄想で迷いが生まれるのではありません。
迷いがある人は妄想ができないのです。
妄想でディテールを思い浮かべて、今目の前にあるしんどい現実を見てしまうのです。

理不尽なことや思いどおりにいかないことと向かい合っているのです。
現実と向かい合って現実を変えていけばいいのです。
現実を変えるのは抽象的なことでは絶対できません。
ぼんやり悩んでいたのでは解決しません。
迷っている人のほとんどが、ぼんやり不安なのです。
漠然とした不安です。
悩みと不安がごっちゃになっているのです。
ひつまぶしにするか、うな重にするかというのも迷いの1つです。
ときどき、悩みながらすごく粘っている人がいます。
やっとどれにするか決めて注文すると、売り切れです。

実力をつけて生き残るために

18

悩みを「具体的」にしよう。

悩みと不安は違います。
悩みは必ず具体的なことです。
不安は抽象的なものなのです。

19

不安と悩みを区別する。

たとえば、ファミレスに行ってメニューを何にするか考えます。

一緒に行った人が「どうしようかな」と言うと、私は「何と何で悩んでいるの？」と聞きます。

デザート3種類の中から2種類を選ぶときでも悩みます。

AかBかという具体的なことが悩みです。

不安には、ABはありません。

不安を悩みにかえることが大切です。

悩みには解決策があります。

たとえば、連れがチーズケーキにしようかチョコレートケーキにしようか迷いました。

「じゃ、僕も食べるから半分こしよう」「それは前に食べたから、今度は食べていないほうを頼もう」という解決策が出てきます。

ＡかＢかには必ず答えが出ます。

悩みを断ち切れない人は、ＡかＢかがないのです。

ケーキを目の前にして、「これから仕事どうしよう」と考えたりしています。

「何と何で迷っているの？」と聞くと、「いや、これから仕事どうしよう」と言います。

目の前のメニューと関係ないことを考えているわけです。

さらに「これから世の中どうなるんだろう」と言ったりします。

悩みが抽象的なのです。

悩みまで行けば勝ちです。

それは解決できます。

「私、悩んでいるんですけど」と言う人は、実は漠然とした不安を抱えているのです。

これは解決のしようがありません。

こういうときはいきなり解決するのではなく、不安をいったん悩みに置きかえます。

そのためにはディテールを妄想する必要があります。

迷いを断ち切れない人はだいたい抽象的に考えています。

抽象的に考えていくと、不安はどんどん大きくなります。

これが不安の特性です。

たとえば、上司に出した企画をボツにされました。

「上司に嫌われているんじゃないだろうか」「会社をクビになったらどうしよう」と不安が広がります。

これは漠然としたものです。

妄想していると人間は必ず楽しくなります。

悪い妄想はしません。

実力をつけて生き残るために

19

漠然とした不安を、悩みにかえよう。

具体的に考えれば考えるほど、人間は楽しいことを想像してしまいます。
いいほうへいいほうへ考えます。
夢も同じです。
悩みと夢は常に連動しています。
見る角度が違うだけです。
夢を持った瞬間から悩みが生まれます。
漠然とした不安を抱えている人は、夢を持っていないのです。

20

ゴルゴ13は、マメだ。

よく気のつく人は、「マメだな」と言われます。
「マメ」というのは「ディテールがある」ということです。
ゴルゴ13は、クールなのに、マメです。
「オレの後ろに立つな」「黙ってオレに近づくな」というルールがあります。
ゴルゴ13は殺し屋のスナイパーです。
殺し屋は、一見すごく大ざっぱで男らしいような仕事です。
ゴルゴ13は性格的にはマメです。
超A型で、つきあったら大変なタイプです。
あらゆるリスクを計算し、離れたビルとビルのすき間から、新幹線に乗っているターゲットの眉間を撃ち抜きます。

そんなことはマメに考える人でなければできません。

近くの散髪屋さんに、『ゴルゴ13』のシリーズが並んでいたら、今度ゆっくり見てください。

ゴルゴ13は事前の打ち合わせが長いのです。

殺し屋は打ち合わせなど大嫌いなタイプと思いがちです。

ゴルゴ13は依頼主の前口上が長いと「それより話を聞こう」と言います。

作者のさいとう・たかをさんは、私と同じ大阪府堺市の出身です。

さいとう・たかをさんの事務所がテレビで紹介されていました。

中に入っていくと『ゴルゴ13』の第1話が置いてあります。

ふきだしを見ると「話を聞こう」と書いてあるのです。

すごい職人、ビジネスマン並みです。

ゴルゴ13が会社を経営したら立派にやっていけます。

サービス業なら、マメなのでけっこういいサービスができます。

普通は「あまり細かいことはいいから。ターゲットはわかった。あとはカネだけ払ってもらったら勝手にやっておきます」というイメージです。

それをやると、ゴルゴ13のような繊細な仕事はできません。

細かく書いた事前計画書もあります。

見積りもとっている可能性があります。

「こんな感じでよろしいでしょうか」「いやあ、ここのところはもうちょっとなんとかしてよ」「しようがないですね。じゃ、こんなんで」と、電卓やそろばんでやりとりをしているようなキャラの人です。

パーンと撃った薬きょうをそこに散らばらせたまま帰るような仕事はしません。撃った弾も全部片づけます。

スナイパーは今もある仕事です。

現在、軍隊や特殊部隊の中にもあります。

外国でも、ハイジャック犯を狙ったりします。

スナイパーは射撃がうまいことが重要なのではありません。

スナイパーで大切なのは、じっとして待てることです。

ターゲットはいつ来るかわかりません。

1週間でも木の上で待ちます。

トイレはどうするんだろうという世界です。

話さないとやっていられなかったり、鳥が来たら鳥とでも話すようなタイプは殺し屋になれません。

自分の気配を消す必要があります。

たとえば、1週間、木の上にこもるなら食料や武器など必要なものをバッグに背負って行きます。

そのためにはパッキングがヘタクソでは荷物が大きくなってしまいます。

1泊2日でスーツケースがいる人はムリです。

修学旅行の帰りには「行きに閉まったスーツケースがなんで閉まらないの」となる人がいます。

「お土産は宅配便で送っているのに。来るときは母親にやってもらったから閉まったけど」という人は殺し屋にはなれません。
草むらでうつ伏せになってずっと待つこともあります。
そのときはほふく前進で移動します。
しっぽみたいに荷物をぶら下げていくので、荷物は小さくしなければなりません。
射撃の技がいかにうまいかではありません。
忍耐力が、大切なのです。

実力をつけて生き残るために

20

ルーティンを楽しもう。

21

NOを、3回集める。

「NO」と言われるのは大切なことです。

目標を立てるときに、「これNOと言われますかね。YESと言われますかね」と迷う人がいます。

実現させていくためには、「NO」を3回集めることが重要です。

人生は、ハズレ券がたまると当たりになるのです。

「NO」を3回集めると、「YES」よりももっと大きな景品がもらえます。

たとえば、「YES」か「NO」かのくじを引きます。

「NO」を3回のほうがいいものが当たるとなると、「よし、NO来い」となります。

「YES」が出ると「ああ、YESか」と残念がります。

「これ、かえて。本当はNOでしょう」となります。

いきなり「YES」より「NO」を3回のほうがいいものをもらえるからです。

「NO」はハズレではないのです。

ボウリング場で、キャンペーン期間はくじ引きがあります。

頻繁にボウリングに行っている人間にとっていちばんいい当たりは5等のゲーム券です。

それはいちばんハズレ賞です。

4等はマグカップになります。

マグカップは家にいっぱいあるので、本当は5等のゲーム券のほうがいいのです。

よく駅前でチラシの入ったティッシュを配っています。

ついさっき「ちょっとめんどくさいな」ともらわずに通り過ぎた映像が、ティッシュがないとなったときに浮かぶのです。

あのティッシュはもらっておかないと、その直後になくて困る瞬間がやって来ます。

これが人生の大原則です。

ティッシュ配りのバイトをしている人にとって、ティッシュをもらってくれる人は神様に思えます。

東京はなかなか受け取らない人が多いのです。

ティッシュを配っているのを見ると離れていったりします。

大阪は違います。

向こうからでも「手伝おうか」と来ます。

しかも、「ちょっとうちのお父ちゃんの分ももらっといていい？　娘の分とお兄ちゃんの分と犬の分。ありがとう」ともらっていきます。

もらうときに誰の分かいちいち言います。

アメや試食品を配っていても、家族みんなの分をもらって「ありがとう」と言って帰るのが大阪です。

東京はなかなかもらってくれません。

配っている人は、早く配り終えれば早く帰れます。

時給いくらではありません。

この箱を全部配り終わったらいくらで働いています。

断られるのがいちばん切なくなります。

１人目が受け取ってくれると、あとはどんどん受け取ってくれるのです。

１人目が受け取ってくれるかどうかが勝負です。

受け取ってもらえないと、だんだん「受け取ってもらえないな」という気持ちが生まれます。

手の出し方があきらめている配り方になるのです。

もらってくれる流れになると、配るほうも余裕ができ、受け取るほうも流れができます。

前の人がもらったものは後ろの人ももらいます。

ティッシュはもらいそびれたら戻るぐらいでいいのです。

その直後にそれが役に立つときが来ます。

たかだかティッシュ、チラシでも、ないと困ることがあるのです。

トイレで用をすませて、トイレットペーパーの芯しかないときは、頭の中に走馬灯のごとく、「あそこでなぜもらわなかったのか」「家で机の上にあったティッシュをなんで持ってこなかったのか」といろいろなことを思い浮かべてしまいます。

ティッシュを受け取るときに「これが必要になる瞬間が来る」と思うのも妄想力です。

「なんでそんなことが予測できたの?」と言う人がいます。

未来予知や予測も妄想力の1つです。

「ここでティッシュをもらっておくことによって、あとでティッシュが必要になる瞬間が来るに違いない」というのは、未来予測ができているということなのです。

実力をつけて生き残るために 21

「NO」を集めよう。

22

階段を、1段ずつ上る。

自分の夢は山の頂上にあります。
今自分の目の前から行くと、1段で上れる階段があります。
もう一方の道で行くと、細かい階段になっています。
迷っている人は、大きい階段のところにいます。
「これ、段が高すぎるし、届かない」と言います。
悩み相談で私に「どうしたら行けるんでしょうか」と質問します。
もう一方の細かい階段を使えばいいのです。
迷っている人は階段が嫌いです。
「そっちの階段は5段も上らなくちゃいけないんでしょう。じゃあ、ムリ。できない。そんなところまではしんどい。5段じゃなくて1段で上る方法はないですか」と言います。

もし、エレベーターが止まっていたら、5階でも上れないことはありません。上れるのは階段というものを知っているからです。

階段の感覚がない人は1段で上ろうとします。

企業のビジネスセミナーをしたあとに、「もっとこれ一発で悩みを解決するという答えを聞きたかった」とアンケートで書かれることがあります。

その考え方がよくありません。

階段で行けばいいのです。

2階まで階段なしで上るのはスパイダーマンの世界です。

アクション映画です。

階段を使えば2階に簡単に上がれます。

「10階まで階段はつらい」と思うなら、途中で休めばいいのです。

休みはありです。

途中で一服して水でも飲んで、それからまた上れば、10階でも20階でも行けます。

100階建てでも不可能ではありません。

ワールドトレードセンターが9・11のテロにあったときに、上の階にいた人が助かりました。

それは階段で下りたからです。

飛び降りたらアウトです。

階段で下りればいいのです。

何メートルを一気に行くのではなく、階段を1段ずつ下りるのです。

実力をつけて生き残るために
22
エレベーターより、階段で上がろう。

23

1段上がると、その勢いで次に行ける。

階段は1段ずつ上がっていけば、どんなところでも上がれます。

英語がうまくなりたい人は、まず英会話学校に行こうと思い立ちます。

次はパンフレットを取り寄せます。

これが最初の1段です。

「英会話学校に行きたいんですけどね。迷ってるんですよ」と言う人に「どことどこで迷ってるの」と聞くと、「いや、どこに行けばいいんですかね」と言います。

さらに「パンフレットは？」と聞くと、「まだ取り寄せてない」と言います。

パンフレットを取り寄せるという1段がないのはおかしいです。

それなのに「留学したいんですけど、どうしたらいいですか」と言っているのです。

「フィンランドでオーロラを見てみたい」と言う人は、本当に行きたいなら旅行代理店に行って、タダのパンフレットを取ってきます。

「パンフレットは?」と聞くと、「まだ取りに行ってないんですけど」と言う人は、あまり行きたくないのです。

「映画は何を見たらいいですか」と言う人も、映画の情報はインターネットにいくらでも出ています。

「何と何で迷ってるの?」と聞くと、「なんか面白いのないですか」と言う人は本当に見たいわけではないのです。

階段を一気に上ろうとする人は、「私は才能がないから」と文句を言ったりします。

パンフレットを取り寄せるのに才能はいりません。

「オーロラを見に行きたいけどお金がない」と言う人もいます。

「いくらたりないの?」と聞くと、「すごいかかるでしょう」と具体的にいくらたりないのかがわかっていません。

旅行代理店にはオーロラを見るツアーのパンフレットがあります。

そこに金額も出ています。

それを見れば、「この金額がたりない」とわかります。

「お金がない」というのは漠然とした不安です。

「いくらたりない」「今これだけの金額があるけど、そのお金をどうしようか」というのは悩みです。

「時間がない」「才能がない」「運が悪い」「親が悪い」「上司が悪い」「会社が悪い」「社会が悪い」「政治が悪い」というのは全部不安です。

一足飛びに目標にたどり着こうとして、ステップを踏んでいないのです。

パンフレットを取り寄せてステップを1段上がると、その勢いでどんどん行けます。

1段上ってみることです。

会社のコンサルティングをやるときに、「社員全員を変えるにはどうしたらいいですか」と聞かれることがあります。

全員を一気に変えることは不可能です。

だから何もやらないということになりがちです。

会社を変えるには、まず1人を変えることです。

ドミノの1つ目を倒すことで、タタタタッと次から次へと倒れます。

途中にとどまっている人はあまりいません。

階段をコツコツ上り続けている人と、上を見上げて「やっぱりムリ」と言う人に分かれます。

かたや上れた人に対して「あの人は才能があったから」と言ってしまいがちです。

才能がある人ほど一足飛びに上ろうとします。

「自分は運も才能も何もないから」と言う人はコツコツ階段で行きます。

結局は階段で行った人の勝ちなのです。

実力をつけて生き残るために

23

階段を、1段ずつ上がろう。

24

一気にもうけると、一気に落ちる。

成功者は階段をコツコツ上っていくところに集まっています。

危ないのは、一気に上ろうとする人です。

そういう人は一気に稼ごう、ラクしてもうけようとします。

「何かいい投資はないですか」と投資話にのるような人は一気に落ちます。

こういう人が振り込め詐欺やマルチ商法にかかります。

「100万預けたら、来月200万円になって返ってくる」という話は、冷静に聞けばおかしいです。

毎月コツコツ貯金したり、薄利多売の商売をやれる人は階段を上っていけるのです。

この両者はまったく違う世界に生きています。

自分のまわりに、グチ・悪口・ウワサ話をしている人がいるのは、断崖絶壁を選んでいるからです。

私は「どうもこんにちは。景気いいですね」と最初に言います。

そうすると、だいたい笑いが起こります。

そのときに「何を言ってるんだ、この人は。そんな皮肉を言わなくても」という人と、本当に景気のいい人とでは笑いが微妙に違います。

話をしながら、「この人は今頑張っているな」「この人は景気が悪いことを口実に何もやってないな」ということがわかります。

景気が悪いときにやっていることのほうが大切なのです。

実力をつけて生き残るために 24

一気に仕上げようとしない。

25

階段を上ると、元気が出る。

どんなに英語ができるようになるといっても「これ1錠飲んだら英語ができるようになります」という薬を買う人はヤバいです。

それは詐欺にかかる人です。

「結婚したら幸せになれる」というのも一足飛びです。

そう思っている人は結婚詐欺にかかるか、「結婚したら幸せになると思ったらなんで？」と結婚してから幻滅します。

「あの会社に入れたら幸せになれる」「東大に入ったら成功できる」というのはありえません。

大変なのは入ってからです。

「○○したら幸せ」ということはありません。

階段を1段上れば上るほど幸せになります。

旅行へ行くときはパンフレットを取ってきた瞬間がいちばん楽しいです。

「どこにしよう。こっちもいいな。あっちもいいな」となります。

実際に行ったときにオーロラが見えるかどうかはわかりません。

「天候によって必ず見えるとは限りません」と小さい字で書いてあります。

ハワイに行って、「なんでこんなに雨降ってるの?」ということもあります。

ハワイでも雨は降ります。

フィンランドまで行ってオーロラが見えなかったとしても、行く途中がムッチャ楽しいのです。

山登りは頂上だけが楽しいのではありません。

山登りの途中で見晴らしのいいところがあります。

そこは休憩するところです。

「もうダメだ。ここまでにして下りよう」という気持ちになったところで、ちょうどふっと見晴らしのいいところに出て、オーッと驚くことがあります。

そこから少し下って、また上に登ります。

「さっきここまで来たら頂上って言ったじゃん」と言いながら登って、やめようと思ったところでまた見晴らしのいいところに出るように、神様はつくってくれているのです。

そこで「また行こうか」という元気がわきます。

階段を上ることによって人間は元気が出ます。

見上げているとイヤになるのです。

いつまでも自分は運が悪い、能力がない、見下されている、世界が違うと思い始めます。

頂上にいる人しか見えないからです。

途中にいる人が見えないので、遠くに感じます。

もしくは見えません。

野球選手になりたくても、イチロー選手しか見えなかったらしんどいです。

階段を上ろうとすると、前の段に人がいます。
だから、自分の前に人が走っているマラソンと同じでしんどくないのです。

実力をつけて生き残るために

25

階段を上る前に、上ってからのことを考えない。

26 ハズレ券をたくさん集める。

くじ引きで最初の1枚で当たった人は、次に大ハズレします。

競馬の馬券も同じです。

万馬券を当てた人は、そのあとすごくすってしまいます。

競馬で財産を持ち崩す人は、まぐれで万馬券が当たった人です。

トータルで競馬を楽しんでいる人は、勝ったり負けたりして、あまり大きい倍率を狙っていません。

本命から流してコツコツ行く人は長時間楽しめます。

成功を続けていて、なおかつハッピーな人もいます。

重要なのは、成功を続けてハッピーであることです。

死ぬまでできてハッピーということです。

続けてハッピーになるためには、ハズレ券がたくさん必要です。

ハズレがあるから、当たりの喜びがあるのです。

ハズレがないと当たりのありがた味がわかりません。

うまくいかないこと、思いどおりにいかないこと、ハズレがその人の人生の喜びにつながるのです。

ハズレがバーッと集まって、最終的にそれが当たりになります。

ハズレをたくさん集めた人のほうがすごいのです。

実際に成功し、長続きして幸せになっているのは、ハズレ券をたくさん持っている人が多いのです。

実力をつけて生き残るために

26

ハズレ券を、とっておこう。

27

「やりたいこと」を見つけるには、「やりたくないこと」をやってみる。

私の人生の中で「あそこには戻りたくない」と思うのはサラリーマン時代です。

私は4月生まれなので、入社してすぐ25歳になりました。

1浪、1留の扱いです。

24歳で就職して広告代理店に入り、7年3カ月サラリーマンをやっていました。

最も私に向かない仕事でした。

いちばん多感でクリエイティブな時代に最も向かない仕事をしていたのです。

顔色をうかがいながら自分のやりたいことができません。

90人の同期の中で誰もが「中谷はいちばん最初に辞める」と言っていました。

就職試験に通ったのもギリギリでした。

90人中の81~90番のグループです。

試験の成績順で身体検査があるのでわかるのです。

私の中でも「早く辞めてやる」という気持ちはありました。

今振り返ってみると、私の人生の中で最も向かないことをやっていたサラリーマン時代が私の宝物です。

「やりたいことをどうしたら見つけられますか」と聞く人がいます。

これは崖を登ろうとしている人です。

やりたくないこと、向いていないことをやるのが階段派です。

私はサラリーマン時代があったおかげで、何をやっても平気なのです。

いちばんしんどかったのは、アイデアを考えても考えても会社の中でボツになったことです。

得意先にボツにされるならまだいいです。

社内でボツになり、やっていることが1つも評価を受けません。

「何やってんの？　おまえ、仕事しろよ」と言われます。

新商品開発は極秘で行います。

はた目には「あいつは何もやってない」と見られるのです。

そういう中で7年3カ月やっていました。

私にとって最も向いていない仕事でした。

正しいことが正しいことではない、間違っていることが正しいというのが組織であり、サラリーマン社会だとさんざんたたき込まれました。

タイガーマスクは虎の穴という闇組織であらゆる反則技を教わりました。

でも、私は反則技がイヤなのです。

正統派になりたいのです。

タイガーマスクは反則技を教わりながらも、ちびっこハウスの子どもたちに勇気と正義を教えるために正統派のレスラーに変わりました。

すると、虎の穴から裏切り者として扱われ、反則レスラーと戦う側にまわりました。

戦えるのです。

相手の反則技を知っているからです。

いざとなれば反則技はいくらでもできます。

反則技を自分が使えるように覚えてしまえば、反則技と戦って正統派レスラーになれます。

「私は反則技なんか覚えたくない」と言う人がいます。

自分に合わないことをやってみることが大切なのです。

特にそれを今のうちにやっておくことです。

これによって自分らしくなれます。

自分らしくないことを徹底的にやらされたときに、初めて自分らしさがわかるのです。

実力をつけて生き残るために
27
やりたくないことを、やってみよう。

28 努力がたりないのではない。やり方が間違っているだけ。

仕事で大切なのは、「そこまでやっても大丈夫？」というぐらいの思いきりです。

「ここまではムリ」「やったことがない」ということを、どれだけできるかです。

1回やってしまえば、なんのことはありません。

1回できるまでがいちばんむずかしいのです。

成功する人と成功しない人との差は、運でも才能でもありません。

なかなか成功しないのは、やり方が間違っているのです。

努力、一生懸命さ、本気さがたりないということで、自分を責めなくても大丈夫です。

ゴルフで、間違ったフォームを必死に固めている人がいます。

レッスンプロは、この間違ったフォームをとるところから始めます。
これは、まったくの初心者を教えるより、もっと大変な作業です。
「成功する」という大それたことではなく、思うような結果が出ないときがあります。
間違ったやり方で努力の量を増やしても、よけいうまくいかなくなるのです。

実力をつけて生き残るために

28

同じやり方で努力するより、やり方を変えてみよう。

29

非合理な人が、成功する。

成功するためには、

①非合理

②意味後払い

③習慣

という3つの条件があります。

これに尽きます。

これだけ持って帰れば、モトはとれます。

そのあとのあなたの人生が変わるのです。

非合理的な人ほど成功します。

学校の優等生や、まじめで一生懸命な人ほど成功できません。

合理的で正しいことをやっているからです。

ずるいこと、悪いことをしろといっているわけではありません。

同じ労働時間でより多くのお金をもらったら、「得」です。

労働時間どおりのお金をきちんともらったら、「イコール」です。

この2つは、どちらも合理性です。

非合理は、お金以上に頑張ることです。

頭のいい人ほど、もらうお金以上のことはやらないのです。

スポーツ選手が、コーチに「今日の練習は何をやっておけばいいですか」と質問します。

この人はそれ以上伸びません。

これは合理的な質問です。

聞いても別に怒られません。

「言われたことはきちんとやる。それ以上やったら損」というのは、「イコール」の発想です。

この質問はおかしいのです。

「何をやっておけばいいですか」と「何をやればいいですか」は、大違いです。

「何をやっておけばいいですか」と言う人は、「これさえやっておけば、あとはやらなくていい」という感覚です。

「何をやればいいですか」と言う人は、自分でもやりたいことがあって、コーチに言われたことはオプションでやります。

これが非合理的な考え方です。

成功する人は、それ以上働いても残業代は出ないのに、必死で頑張ります。

それは非合理的な行動です。

大人になると、だんだん合理的な発想が生まれてきます。

新入社員のときに、「明日までにファストフードのコピーを300本書いてこい」と言われました。

300本をいかに早く書くかというのは、合理的です。

でも、私は違いました。

面白くてしかたがないのです。

師匠に「こんなに書くな。紙がもったいない」と言わせたいのです。

「300本」と言われたら、「勘弁してください。500本にしてください」と言います。

これは非合理的です。

非合理的なことのできる人が、成功に結びつけるのです。

実力をつけて生き残るために
29
損する方法を、やってみよう。

30

意味の前払いを求めない。

何かをやろうとするときに、そのことの意味を求める人が多いのです。

上司に「今日は話があるから、飲みに行こうか」と言われます。

ここで、

「それって業務命令ですか」

「それをやると、どういう意味があるんですか」

と、今まで出なかった質問が出るのです。

行動を起こさない人は、意味の前払いを求めます。

意味がわかってからやるのは、確かに合理的です。

意味があったらやるし、意味がなかったらやらないのです。

一見、最も効率的に生きています。

もっと大きな目で見たら、それほど大きな損失はないのです。

意味は、あとからやってきます。

「これをやっておいてよかった」というのは、やる前にはわかりません。

あとからやってくる意味は、リターンが大きいのです。

今までの人生を振り返ってもわかります。

意味のないことを、どれだけ頑張れるかです。

好きなことをやっているときは、意味など求めません。

ディズニーランドに誘って、「あなたと一緒に行く意味は？」と言われたら、「もういいです」と言いたくなります。

ディズニーランドに行くのに、意味はいりません。

「何かありそうで面白そう」とか、「今、何をやっているの？」とワクワクできればいいのです。

行動する前に意味の前払いを求める人は、成功しないのです。

始める前に、意味がなかった仕事には、仕事のあとで、大きな意味がプレゼントされます。
意味は、前払いより、後払いのほうが、仕事が楽しいのです。

実力をつけて生き残るために

30

事前に、意味を求めない。

31

成功にコツはない。習慣があるだけ。

成功した人に成功する「コツ」を聞く人は、永遠に成功できません。

「コツ」の反対は「習慣」です。

怪しげなセミナーや本には、たった1個、たった1回何かするだけで成功できると書かれています。

それは詐欺です。

ダイエットで、「これを食べるだけでやせる」「ここをもむだけでやせる」というのも、限界があります。

運動しないでやせようとするのは、ムリです。

太る人は、そもそも運動が嫌いなのです。

成功している人の習慣をいかに学ぶかです。

1粒飲むだけでモデルさん並みのスタイルになったり、英語がペラペラになる薬があったら、怖くて買えません。

仕事や成功に関しては、その1粒を買ってしまう人が多いのです。これがコツを求めるということです。

マイクロソフト創業者のビル・ゲイツと投資家のウォーレン・バフェットが、ネブラスカ大学で学生相手に講演をしました。

スーパーゲストの2人です。

2人の資産は合わせて900億ドルといわれています。

この2人の対談を学生が聞きました。

アメリカの学生は優秀です。

「自分は学生です。ビル・ゲイツさんやウォーレン・バフェットさんのように成功するために、今20歳のときにしておく習慣はなんですか」と聞きました。

この人は成功できます。

「コツはなんですか」という怪しげな質問をする人は、成功しないのです。

実力をつけて生き残るために

31

コツではなく、習慣を聞く。

32

「非合理」「意味後払い」「習慣」に当てはめて、問題を考える。

「非合理」「意味後払い」「習慣」は、別個の問題ではありません。

グルグルまわっています。

人はさまざまな問題を抱えています。

管理職側は、部下に対してなかなかうまくいきません。

部下は、上司の頭がかたいことで困っています。

お客様に対しても、「なんでわかってくれないかな」と悩んでいます。

上司・部下・お客様の3つに対して問題を抱えているのです。

この問題を解決できる3つの条件が、「非合理」「意味後払い」「習慣」です。

これに当てはめて問題を考えればいいのです。

「非合理」「意味後払い」「習慣」の3つも、「しなければならないんですか」とむずかしく考えなくて大丈夫です。

どれか1つを、まず軽くやってみてください。

そうすると、自動的に、上りのらせん階段に入っていきます。

この3つのことは、バラバラのことではありません。

つながっています。

1つできると、どんどんできるようになっていきます。

実力をつけて生き残るために

32

すべての問題を、つなげて考えよう。

33 ヒーローは、意味不明。

「パイレーツ・オブ・カリビアン」は、ジョニー・デップのヒット作です。

ジョニー・デップ扮するジャック・スパロウ船長に、みんながついていきます。

どうしてついていくのか、説明はまったくありません。

映画の中で説明ゼリフの多い人は、わき役か悪役です。

ヒーローは、「なぜこうするのか」という説明がいっさいないのです。

『シンデレラ』に出てくる王子様がグズグズ聞いているシーンはありません。

スーパーマンもバットマンも、「キャー」で助けに行って、「どっちが悪いの」という職務質問はしていません。

いいことをしたのか、悪いことをしたのかさえわからないのです。

「ハハハ」と笑いながら、「じゃ、また」と飛び去っていきます。

意味不明です。

ヒーローは、世界を変えるためにやっています。

そこから先の説明は何もありません。

どんな世界にするのかも、何をやるかも、それをやる意味もわかりません。

「行き詰まっている時代を、なんとか突破したい」という熱い思いでやっているのです。

33

「意味のないこと」をやろう。

34

志は、合理性の中からは生まれない。

成功できない人は、必死に合理性を説明しようとします。
合理性の中からは、志は生まれません。
計算を詰めて損得勘定をしても、志は生まれないのです。
志は、エクセルを使うまでもなく、大赤字です。
1秒で「やめたほうがいい」という結論が出ます。
「これをやったら大もうけ」というものは、「志」とはいわないのです。
MBAをとったビジネススクールの連中にも「やめなさい」と言われます。
すべての志は、1年、2年の短期ではもうかりません。
会社の経営でも、自分の人生でも、今日一日の生き方でも同じなのです。

「やりたいことが見つからない」と言っている人は、合理性を積み上げて、探しているからです。

「それは、もうかるか」

「それは、ほめられるか」

「それは、めんどくさくないか」

そうやって探していくと、ワクワク・ドキドキは見つからないのです。

「合理性はどうでもいい」という中に、ワクワク・ドキドキはあるのです。

実力をつけて生き残るために

34

損得から夢をつくろうとしない。

35

小さな力で、続ける。

習慣には、ビジブルなものとインビジブルなものとがあります。

むずかしいのは、インビジブルな習慣です。

考え方も、見えない習慣です。

毎日毎日、見えない習慣の積み重ねで生きています。

常に損得計算をしたり、「何を売ればいいのか」から入る人は、「ＷＨＹ」が抜けているのです。


「コツ」と「習慣」の違いは、続けているかどうかです。

コツは１回ですみます。

習慣は続けていきます。

「あきらめない」ということです。
大きな力でなくても、小さな力で続けていけばいいのです。

実力をつけて生き残るために
35

大きな力1回より、小さな力100回やろう。

36 運がよかったのではなく、非合理なことをやっていただけ。

成功している人は、才能でも運でもありません。

世の中で一般にいわれている「運」は、「非合理」「意味後払い」「習慣」という3つのことです。

「あの人は運がよかった」と言われます。

それは運がよかったのではありません。

ずっと続けていて、たまたまタイミングが合っただけです。

いつもおばあさんを助けている人がいます。

おばあさんを助けても、なんの得にもなりません。

どうせなら、きれいな人を助けたほうがいいのです。

ところが、そのおばあさんは大企業の社長さんで、「あんたのところから買う」という話になるのです。

これは運がいいのではありません。

ふだんから非合理的なことをやっていたからなのです。

実力をつけて生き残るために

36

運を狙うより、ずっと続けよう。

37

大きな意味は、あとからわかる。

自分の持っているものを、物々交換で何かの種と交換します。
得かどうかはわかりません。
種を植えてみると、小麦が生えてきます。
毎年毎年、小麦が食べられます。
パンをもらうより、よっぽどいいのです。
意味はあとからわかります。
私たちの先祖は、わからないまま交換していたのです。
メソポタミアに市場が生まれました。
最初から店を構えていたわけではありません。

道を歩きながら、余ったものを持ち寄って交換するのです。

交換した人は、みんな喜んでいます。

株価がいくら、円がいくらという小さい発想になじんでいたら、物々交換はできません。

これが経済のスタートです。

やがて小麦がお金のかわりになりました。

ここでレートが生まれます。

小麦は、種として植えられるし、いざとなったら食べられます。

誰もがごはんとして利用できるという価値があったのです。

お金が生まれたのは、それから何百年もあとのことです。

日本に貨幣経済が入ってきたのは、平清盛の時代といわれています。

たかだか900年前です。

教科書で習った和同開珎は、日本中に流通していたわけではありません。

民間では、清盛の時代まで物々交換の時代が続いていました。

実力をつけて生き残るために

37

お金でもらうより、物々交換しよう。

日宋貿易といっても、厳密には「宋宋貿易」です。
宋の商人が日本で会社をつくって、宋と貿易します。
そのときに宋銭が入ってきました。
今でいうと、「人民元」です。
お金の歴史は、きわめて新しくつい最近からのことです。
一見非合理的なことは、あとから大きい意味が返ってきます。
人間は、それを直感的にＤＮＡの中で知っているのです。

38

ドMな部分が、強みになる。

そんなに給料をもらっていないのに、必死に働いている人がいます。
取引量の多くないお客様のためにも一生懸命やっています。
「あいつ、Mだよね」と言われます。
成功する人は、「M」の人ではありません。
「ドM」の人です。
「ややM」の人は成功しません。
ベンチャー企業であれ、昔からある企業であれ、経営者の共通点は、ドMです。
リーダーはドMの極致です。
船が沈むときに、船長はみんなを逃がしたあとに、自分の体を柱にしばりつけて船と一緒に沈みました。

意味不明です。

根性論ではありません。

ドMで非合理的な行為です。

宇宙の合理性では、これがいちばん多くの人命が助かる方法です。

船長が先に逃げると、被害者は増えます。

みずからの命も、柱にしばりつけたほうが助かることが多いのです。

ドMな行為は、本人の中では納得がいきません。

はたから見ても説明不可能なことです。

誰にでも強みと弱みがあります。

成功する人は自分の強みに気づいています。

意識してそれができるようになったら、たまたままぐれでやっているより、もっと強いのです。

自分の強みは、自分のドMな部分です。

ドMなことをやることに抵抗感がなく、おっくうでもありません。
それが自分の強みであり、セールスポイントになるのです。

実力をつけて生き残るために

38

ドMを楽しもう。

第3章

「自信」より「覚悟」が成功へのキーワードだ。

39

自信よりも、覚悟のある人が成功する。

成功する人は、もともと自信があるように見えます。
自信満々で語ります。
これは解釈が間違っています。
成功する人は、自信を持っている人ではありません。
自信を持とうとすると、うまくいかなくなったときに崩れます。
成功する人が持っているものは、覚悟です。
「うまくいかなくても本望」というのが、覚悟です。
自信は、「きっとうまくいく」ということです。
この違いです。

「きっとうまくいく」と言っている人は、うまくいかなかったときに「ウソつき」と言われて崩れてしまいます。

うまくいかなくても「面白い」と感じられることが、覚悟です。

飛ばされても、クビと言われても、怒られてもやることが、覚悟です。

自信をつける必要はいっさいないのです。

実力をつけて生き残るために

39

自信よりも、覚悟を持つ。

40

意味を考えない人は、すぐにする。

意味後払いの人は、スピードが速いのです。

意味を考えないので、すぐにします。

すべてのことは、すぐした人の勝ちです。

ディズニーランドは、ラスト30分までに入ればＯＫです。

東京の表参道から地下鉄で行くと、ディズニーランドまで40分ほどです。

22時までやっているので、21時半までに入ればいいのです。

20時50分に出ても間に合います。

すぐする人は、それができるのです。

何をするにもいちいち意味を聞く人は、誘ってもらえなくなります。

自分自身が何かをするときも、自分の中で「それをする意味は?」と考え始めるのです。

これは頭の中の見えない習慣です。

坂本龍馬のすごいところは、始める段階ではあまり考えていないところです。

パッと思いついて、パッと動きます。

これが最も成功するコツです。

ゆっくりしたからといって、成功する確率は決して上がりません。

先にした人にとられるだけなのです。

実力をつけて生き残るために

40

意味を考えないで、すぐやろう。

41

無条件で動ける人が、強い。

意味後払いの人は無条件です。

これが強いのです。

「ここまでだったらやるけど、ここからはやらない」

「これを用意してくれたらやる」

「こういうエビデンスをつけてくれたら買う」

「誰かが保証してくれたら」

「あなたが責任をとってくれるなら」

といったすべての条件づけで、結果、自分自身が動けなくなるのです。

相手を制約して、自分は守りに入っています。

意味後払いの人は、無条件に動けるのです。

成功できない人の行動には、「ここまでだったら許せる」とか、いろんな条件がついています。

好きな人にどこまで許せるかです。

欠点がかわいいと思えたら、別れる理由がなくなるのです。

頭がよくなればなるほど、無条件でできなくなります。

条件に小さい大きいは関係ありません。

差がつくのは、条件があるかないかなのです。

実力をつけて生き残るために

41

行動に、条件をつけない。

42

条件をつけない人が、モテる。

合コンで「どんな子が来るの？」と言った時点で、誘ってもらえなくなります。
「かわいい子が来る」と言ったら、あとで「ウソつき」と言われます。
誘ってあげたのに、文句を言われるのです。
「行く、行く」と無条件で動くことで、人間のフットワークはよくなります。
この人がチャンスをつかみます。
条件をグダグダつけている人は、チャンスにつながらないのです。
中規模のキャバクラでは、50人から100人ぐらいの女性がいます。
ほとんどの男性は、ひととおりの女の子を見てから指名を決めます。
このとき、最初に座った女性を指名した人は、そのお店で圧倒的にモテるのです。

これは非合理です。

「ほかの女の子を見なくていいの」とびっくりされます。

最初に指名されたら、言われた側はうれしいのです。

女性は「運命の人」という言葉が好きです。

運命の人は探すものではありません。

ひととおり見てから「年収はいくらぐらいですか」と聞くのはおかしいのです。

運命の人は、非合理な存在です。

条件は何もありません。

年収はいくらですか、長男ですか、次男ですか、独身ですか、彼女はいますか……と事細かく聞いていたら、チャンスはつかめないし、モテないのです。

実力をつけて生き残るために

42

確認しない。

43

すぐに役に立つことは、すぐに役に立たなくなる。

誰もがリスペクトして、ついていきたいと思う人がいます。
その人の知識・技術・経験・肩書・お金では、人を引っ張っていくことはできません。
一見、お金で引っ張れそうな気がします。
実際は、「もっと出す」と言う人に流れるだけです。
お金で引っ張れると思う人は、痛い目にあいます。
払う側は「前に1回払った」、もらう人は「毎回もらえる」と思っています。
この温度差があります。
もらって当たり前の関係になるのです。

こんなものに、人はついてきません。

「非合理」「意味後払い」「習慣」に、人はついていきます。

すぐに役立つものを求める人は、成功できません。

すぐに役立つものは、早い見返り、早いリターンが得られます。

すぐ役立つものは、すぐに役に立たなくなります。

これも自然の摂理です。

新しいビジネスでも同じことがいえます。

簡単にできることは簡単にマネされます。

簡単にとれる資格では食べていけません。

だまされたというより、それを信じているほうがおかしいのです。

「今すぐ役立たないことをやるなんて、バカだね」と言われます。

これは、人間の低いレベルにおける非合理です。

今すぐ役立たないものは、あとで大きく役立つのです。

何かに出会ったときに、「これは、何に役立ちますか」と聞かないことです。

「どういうメリットがあるか」と聞く人に、出会いはありません。
そこにあるのは、取引だけです。
取引は、出会いではありません。
取引のないところに、出会いが生まれるのです。

実力をつけて生き残るために

43

すぐには役に立たないことを、やろう。

44
「ふだん」と「ココいちばん」で、考え方を変えない。

「ふだん」のときと「ココいちばん」のときで考え方を分ける人は、成功しません。

たとえば、震災でボランティアに行って「何をやればいいんですか」と言う人は、足手まといになります。

その人は、ふだんからボランティア活動をやっていないのです。

家の近所にもボランティア活動はたくさんあります。

ブームでボランティア活動に行った人は、現場では迷惑です。

ボランティアは、食べ物と寝るところは自分で用意して、現地の人に頼らないのが基本です。

ふだんからボランティア活動をやっていない人は、いざやろうとしてもできないのです。

「どこで寝ればいいんですか」「食事はどうなっているんでしょうか」と言って、ボランティアを観光がわりにしています。

そもそも被災地は食料がたりないのです。

ボランティアがいけないのではありません。

ふだんやっていないことは、ココいちばんでもできないのです。

日常生活の中で、いろいろなことに好奇心を持つことが大切です。

ふと見ると、絵のようにきれいな桜が咲いています。

人間は、きれいなことにもびっくりします。

桜の季節は、誰もが桜を見ています。

それは1年のうちの一瞬です。

桜は枝がすごいのです。

梅に至っては、花ではなく、枝を観賞します。

枝が太い幹と細い幹で構成されています。

ふだん桜を見ていない人が、桜の季節のときだけ、いきなり「桜、桜」と騒いでいるのです。

桜が散ったら終わりです。

成功する人は、平時と有事が同じ体制です。

いざ驚くようなことが起こっても、まったく驚きません。

ふだんから、ちゃんとびっくりできているからです。

自分を驚かすことをやっているかどうかです。

合理的に生きている人は、びっくりすることに出会えないのです。

実力をつけて生き残るために

44

調子のいいときと悪いときで、やり方を変えない。

45

想定外のことが起きても淡々としている人が、仕事を楽しむ。

合理的に生きようと思えばいくらでも生きられます。

インターネットを見れば、どこで、いつ、何をやっているかは全部出ています。

インターネットに載っていない情報には出会いにくくなっています。

「すべてのものがインターネットに載っている」という思い込みが、びっくりするチャンスを奪っているのです。

大学受験に落ちる人は、だんだん減っています。

子どもが減っているからではありません。

受けないで浪人する人がいて、「事前の予想で合格率に達していなかったから、受けなかった」と言うのです。

もったいないです。

私の受験時代は、やけのやんぱちで受ける人がいました。

神風を信じているのです。

ときどき、それで通る人もいます。

びっくりすることが起こるのです。

合理的に考えれば考えるほど、びっくりすることに出会えなくなります。

一生びっくりと出会わないで生きていけるわけではありません。

もっとすごいこと、想定外のことが、これからどんどん起こります。

ふだんからびっくりできている人は、何が起きても動じないで、いつもどおり淡々としています。

そういう人が人を助ける人になれるのです。

実力をつけて生き残るために 45

「想定外」に、淡々としていよう。

46

理屈でとらえられないものが、理屈に勝つ。

今、仕事を楽しむために求められることはビジョン（志）です。

仲間はビジョンに集まります。

ビジョンは合理性の中にはありません。

合理的なことは、魅力的なビジョンにはならないのです。

合理的に会議をやると、すべてのアイデアは却下になります。

頭がいい人が集まれば集まるほど、却下です。

リスクが全部見えるからです。

リスクは回避したほうがいいので、最初から「やらないほうがいい」という結論になるのです。

実力をつけて生き残るために

46

すべて理屈で、把握しようとしない。

会議からはビジョンは生まれません。
ビジョンは「夢のお告げ」のようなものです。
戦国武将の話には、これが多いのです。
「おやかた様の枕元に観音様が立っている」という話を、みんなが信じます。
日本人は信じられる力を持っているのです。
八百万《やおよろず》の神がいて、理屈ではとらえられない何かがあります。
今は、理屈ではとらえられないものが理屈に勝つ時代です。
理屈がすべてのものにまさると考える人は、成功しないのです。

47

「普通」は、成功も失敗もしない生き方。

30万円の給料で30万円分働いても、悪いことは何もしていません。
20万円分しか働かなかったら、10万円分ズルをしています。
100万円分働いたら、バカです。
成功するのは、このバカの人です。
100万円もらって100万円分働く人は、成功も失敗もありません。
これが「普通」です。
「普通」と言われるのがうれしいタイプです。
合理的な考えは、成功も失敗もしない生き方です。
女性が好きな人にごはんをつくります。

「おいしい?」と聞くと、「大丈夫」「平気」と言われます。

これはマイナスではありませんが、ギリギリいっぱいな感じがします。

「まずい」「なんだ、これ」「こんなの食べられない」というのは、明らかにマイナスです。

実際、「普通」がいちばんつらいのです。

男性が頑張ってデートの計画を立てます。

デートコースを考えて、準備をして、下見をしてデートに臨みます。

「今日は楽しかった?」と聞いて、「うん、普通」と言われたら、ガッカリします。

「こんなものかな」「相場かな」ということです。

これが合理的にやることのつまらなさなのです。

「普通」を抜け出そう。

48

やりがいは、プロセスの中にある。

人は結果にはついてきません。

結果にこだわると、迷いが生まれます。

迷っている人に、人はついていかないのです。

「こんなことをやっていて、もうかるんだろうか」

「こんなことをやって、何かいいことがあるんだろうか」

と考え始めた時点で、その人は行き詰まります。

非合理的な人は、結果はどうでもよくなります。

やっていることが楽しいのです。

そのプロセスに、やりがいがあります。

結果の中にやりがいがあるというのは、大きな勘違いです。

大もうけしても、みんなからほめられても、やりがいはまったく生まれません。

あるベンチャー企業の社長に、「大もうけして、上場して、ストックインカムがドーンと入ったらモテモテになるに違いないと思っていたのに、何も変わらない」という相談を受けました。

それでいいのです。

モテることが目的ではありません。

「いつかモテモテになってやる」という気持ちで頑張っている間に、ドーパミンは出まくっています。

モテモテになることで出るドーパミンの量より、もっと多いのです。

これで十分モトがとれています。

結果にはやりがいはありません。

途中のプロセスが、めんどくさくて、大変で、修羅場であればあるほど半笑いになります。

「大変だよ」と言いながら、顔は半笑いです。
何かうれしそうなのです。

実力をつけて生き残るために

48

結果よりプロセスに、やりがいを見出そう。

49
「よくあること」で、キャパが広がる。

成功するためのマジックワードは、「よくあること」です。

上司が突然、手のひらを返したように考えを変えてきます。

日々これが起こっています。

「なんでこんなことが起こるの」ではなく、よくあることです。

こんなことでビクつかないようにします。

仕事が終わってから、お客様から突然「見積りをもう1回出せ」と言われます。

「あれはＯＫじゃなかったの。仕事が終わってから見積りをもう1回ってどういうこと？」と思います。

これもよくあることです。

何が起ころうとも、「よくあること」と考えます。
そうすれば、その人のキャパが大きくなって、解決策が見つかるのです。

実力をつけて生き残るために

49

トラブルには、「よくあること」と言おう。

50
成功は、仕事を通して自分が成長すること。

サラリーマンは、修行僧です。
悟りの境地に入っています。
お金もうけや給料のために仕事をやろうとする人は、成功できません。
仕事を通して自分を磨こうとする人が成功します。
究極の目標は、自分を磨くことです。
これにまさる娯楽、喜び、やりがいはありません。
以前キレていたことにキレなくなります。
何があっても「ここからですよ」と言えるようになります。
これだけで、その人はとてつもなく成長しているのです。

ここに喜びがあります。

どうしたら仕事をうまくこなせるか、どうしたら成功できるかではありません。

本当の成功は、仕事を通して自分を磨いて成長することなのです。

実力をつけて生き残るために

50

仕事を通して、成長しよう。

51

旗を揚げる。

「志」は、別の言い方をすると、「旗」です。
旗を揚げるコツは４つあります。
①自分で揚げる
人に揚げてもらうのではなく、自分で揚げます。
②大きな旗を、揚げる
できるだけ大きい旗を揚げます。
③バカげた旗を、揚げる
「なるほどね」とか「すごい」ではなく、「バカじゃないの」「とうとうあいつはイッてしまった」と言われるような旗を揚げます。

④揚げたら、下ろさない

みんなに「バカじゃないの」と言われても、揚げた旗を下ろさない。

これでその人は成功します。

結局は、人生・仕事・会社が面白くなるかどうかです。

そうすれば、お客様のクレームにもスキップしながら対処できるようになります。

「さあ無理難題、来てください」

「ここでクレームを下げるんですか。もうちょっとからんでくださいよ」

「もうちょっと揚げ足をとってもらわないと、やりがいがない」

「解決しちゃったよ。ほかにもっとクレームないですか」

と言えるようになったら、人生は楽しくなります。

実力をつけて生き残るために 51

まず、旗を揚げよう。

52 「辞めたい」と思うときは、仕事のやり方を考え直すチャンス。

会社を辞めたいと思う人は、今、会社でうまくいっていない人です。

うまくいっている人で、会社を辞めたいと思う人はいません。

いろいろ理由はつけますが、結局はうまくいっていないのです。

うまくいかない原因は、会社にあるのではなく、自分の仕事のやり方にあります。

にもかかわらず、会社のせいにしているのです。

たとえば「あの上司がいるから、自分はうまくいかない」と思い込んでいるのです。

そういう人は、社内で部を異動しても、会社を辞めて転職しても、やっぱりうまくいきません。

転職先の会社でうまくいかなくなったら、また「たまたま入った会社を間違った」と考えます。

これを延々と繰り返してしまうのです。

辞めようと思うのは、決して悪いことではありません。

辞めたいと思わない人は、今までのやり方をずっと続けています。

うまくいっている人も、同じやり方を続けていたのでは、うまくいかなくなります。

うまくいっている人も、昨日までのやり方を変えなければなりません。

うまくいっていたのに、うまくいかなくなると「運を使いきったからだ」と思い込んでしまいます。

うまくいっていない人は、うまくいっていないのは「自分の努力が、たりないからだ」と反省しがちです。

やり方を変えずに、ますます努力するので、ますますうまくいかなくなります。

「こんなに努力しているのに」と悩んでしまいます。

たりないのは、努力ではありません。

運でもありません。

やり方を変えるだけでいいのです。

今までのやり方で、今まで以上のことは、決してできません。

辞めたいと思ったときは、
①会社を変える
②仕事のやり方を変える
という2つの選択肢があります。

会社を変えたら、せっかくのチャンスをムダにします。

「会社を辞めたい」と思ったときこそ、今までの仕事のやり方を考え直す、いいチャンスなのです。

実力をつけて生き残るために 52

会社を変えずに、
仕事のやり方を変えよう。

53

再就職するまでの期限を決めて、辞めよう。

会社を辞めようと思ったら、まず辞めてからのシミュレーションを真剣に立てることです。

真剣に立てるとは、具体的に書くということです。

独立して、フリーランスで生きていくとするなら、いつまで無収入でいられるかを計算しましょう。

その収入がなくなったら、再就職する約束を、自分としましょう。

家族がいるなら、家族としましょう。

1年間分の貯金があるなら、1年後、軌道に乗らなかったら再就職することです。

期限を決めずにしていたら、ずるずるして、家族を路頭に迷わせることになります。

辞めたら、時間との競争が始まります。

辞めたら、これだけ収入が入る予定というのを、あてにしないことです。

その収入は、まったく期待できません。

「フリーになったら、ぜひお願いします」という言葉は、会社の看板に対して言ってくれているお世辞であることに、気づきましょう。

手のひらを返すような態度にその人がなったからといって、恨むことをしないようにしましょう。

辞めたら、もとの会社の取引先やお客様とは、原則仕事をしない覚悟でいるくらいで、ちょうどいいのです。

仕事の依頼を待ってぶらぶらしないことです。

そんな時間があるなら、勉強するか、アルバイトに行きましょう。

アルバイトに行くのが屈辱に感じる人は、辞めることはできません。

こういうシミュレーションを、辞める前にするか、辞めてからするかで、大きく変わるのです。

実力をつけて生き残るために

53

もとの得意先を収入のあてにしない。

54

「辞めたい」と思うときに、人は成長する。

エピローグ

会社を辞めようと思ったとき、まわりの人たちに相談します。

まわりが言ったことの逆が、正解です。

「就職難だし、条件が下がるから、辞めないほうがいい」と言われたら、辞めていい、「辞めたほうがいい」と言われたら、残るのです。

まわりの意見は、常に、本来自分がやるべきこと、自分の運命とは逆のアドバイスなのです。

まわりの意見と自分の意見が同じになることは、あまりありません。

「まわりが反対するならやってみよう」というのが、まわりの意見を聞く意味です。

まわりが「辞めたほうがいい」とすすめるときは、逆に危険なのです。

「辞めたほうがいいか」という質問は、「辞めたら成功するか」という質問とは違います。

辞めることによって、生活が苦しくなったり、うまくいかなくなるのは、短期的な結果です。

「やっぱり前の会社はよかったな」と気づいたら、その人は成長しているのです。

うまくいくか、いかないかは、単に成功か失敗かということです。

気づくか気づかないかは、その人の成長にかかわっています。

成長は、成功よりも一段階上です。

自分の一生の問題です。

自分の成長を考えたら、辞めてやり直したほうがいいこともあるのです。

あるサラリーマンの人が、独立してコンサルタントになりました。

会社を辞めるときにまわりの人に相談すると、誰もが「そんなに甘くない」と反対しました。

辞めてコンサルタントとして食べていけるなら、それでＯＫです。

食べていけなかったら、またサラリーマンに戻ればいいのです。

これは一見、マイナスです。

一度独立したことがある人がサラリーマンに戻ると、独立したことがない人に比べて、違う視点で仕事ができます。

自分が1回社長になっているので、意識が違うのです。

サラリーマンのうちに学ばなければならないことにも気づけます。

会社のありがた味もわかります。

仕事にも学習にも、より真剣さが加わります。

結局、どちらに転んでもうまくいくのです。

「辞めたい」と思う気持ちは、1つの成長です。

せっかくの成長のチャンスを乗り越えて、次に進むことで、差がつくのです。

サラリーマンとして会社に入ると、通常は一生、就活をしなくてすみます。

そんな中で、ときどき、神様が「辞めたい」という気持ちを与えてチャンスをくれます。

「辞めたい」と思うことで、自分の人生を見つめ直す、いい機会になるのです。
「辞めたい」と思っている自分を、決して責めないようにします。
「どちらがいいか」ということはありません。
辞めても辞めなくても、「どちらもよし」なのです。

実力をつけて生き残るために

54

「どちらも、あり」と考えよう。

『いい女恋愛塾』
『やさしいだけの男と、別れよう。』
『「女を楽しませる」ことが男の最高の仕事。』
『いい女練習帳』
『男は女で修行する。』

【学研パブリッシング】
『セクシーなマナー術』
『セクシーな時間術』
『セクシーな会話術』
『セクシーな仕事術』
『王子を押し倒す、シンデレラになろう。』
『口説きません、魔法をかけるだけ。』
『強引に、優しく。』
『品があって、セクシー。』
『キスは、女からするもの。』

【KK ベストセラーズ】
『会話の達人』
『誰も教えてくれなかった大人のルール恋愛編』
『一流の遊び人が成功する』

【阪急コミュニケーションズ】
『いい男をつかまえる恋愛会話力』
『サクセス＆ハッピーになる 50 の方法』

【あさ出版】
『「いつまでもクヨクヨしたくない」とき読む本』
『「イライラしてるな」と思ったとき読む本』
『「つらいな」と思ったとき読む本』
『なぜあの人は会話がつづくのか』

『会社で自由に生きる法』（日本経済新聞出版社）
『全力で、１ミリ進もう。』（文芸社文庫）
『だからあの人のメンタルは強い。』（世界文化社）
『「気がきくね」と言われる人のシンプルな法則』（総合法令出版）
『だからあの人に運が味方する。』（世界文化社）
『だからあの人に運が味方する。（講義DVD 付き）』（世界文化社）
『なぜあの人は強いのか』（講談社＋α文庫）
『占いを活かせる人、ムダにする人』（講談社）
『贅沢なキスをしよう。』（文芸社文庫）
『３分で幸せになる「小さな魔法」』（マキノ出版）
『大人になってからもう一度受けたい コミュニケーションの授業』（アクセス・パブリッシング）
『運とチャンスは「アウェイ」にある』（ファーストプレス）
『「出る杭」な君の活かしかた』（明日香出版社）
『目力の鍛え方』（ソーテック社）
『お掃除デトックス』（ビジネス社）
『大人の教科書』（きこ書房）
『モテるオヤジの作法２』（ぜんにち出版）
『かわいげのある女』（ぜんにち出版）
『恋愛天使』（メディエイション・飛鳥新社）
『魔法使いが教えてくれる結婚する人に贈る言葉』（グラフ社）
『魔法使いが教えてくれる愛されるメール』（グラフ社）
『壁に当たるのは気モチイイ　人生もエッチも』（サンクチュアリ出版）
『ハートフルセックス』【新書】（KK ロングセラーズ）
『キスに始まり、キスに終わる。』（KK ロングセラーズ）
『遊び上手が成功する』（廣済堂文庫）
『元気な心と体で成功を呼びこむ』（廣済堂文庫）
『成功する人しない人』（廣済堂文庫）
書画集『会う人みんな神さま』（DHC）
ポストカード『会う人みんな神さま』（DHC）
『「お金と才能」がない人ほど、成功する52 の方法』（リヨン社）
『「お金持ち」の時間術』（リヨン社）
『ツキを呼ぶ 53 の方法』（リヨン社）

〈面接の達人〉

【ダイヤモンド社】
『面接の達人　バイブル版』
『面接の達人　面接・エントリーシート問題集』

『徹底的に愛するから、一生続く。』
『断られた人が、夢を実現する。』
『「あげまん」になる36の方法』

【ダイヤモンド社】
『なぜあの人は逆境に強いのか』
『25歳までにしなければならない59のこと』
『大人のマナー』
『あなたが「あなた」を超えるとき』
『中谷彰宏金言集』
『「キレない力」を作る50の方法』
『お金は、後からついてくる。』
『中谷彰宏名言集』
『30代で出会わなければならない50人』
『20代で出会わなければならない50人』
『あせらず、止まらず、退かず。』
『「人間力」で、運が開ける。』
『明日がワクワクする50の方法』
『なぜあの人は10歳若く見えるのか』
『テンションを上げる45の方法』
『成功体質になる50の方法』
『運のいい人に好かれる50の方法』
『本番力を高める57の方法』
『運が開ける勉強法』
『ラスト3分に強くなる50の方法』
『できる人ほど、よく眠る。』
『答えは、自分の中にある。』
『思い出した夢は、実現する。』
『習い事で生まれ変わる42の方法』
『30代で差がつく50の勉強法』
『面白くなければカッコよくない』
『たった一言で生まれ変わる』
『なぜあの人は集中力があるのか』
『健康になる家　病気になる家』
『泥棒がねらう家　泥棒が避ける家』
『スピード自己実現』
『スピード開運術』
『破壊から始めよう』
『失敗を楽しもう』
『20代自分らしく生きる45の方法』
『受験の達人2000』
『お金は使えば使うほど増える』
『本当の自分に出会える101の言葉』
『大人になる前にしなければならない50のこと』
『会社で教えてくれない50のこと』
『学校で教えてくれない50のこと』
『大学時代しなければならない50のこと』
『昨日までの自分に別れを告げる』
『人生は成功するようにできている』
『あなたに起こることはすべて正しい』

【PHP研究所】
『頑張ってもうまくいかなかった夜に読む本』
『仕事は、こんなに面白い。』
『14歳からの人生哲学』
『チャンスは「あたりまえ」の中にある。』
『受験生すぐにできる50のこと』
『高校受験すぐにできる40のこと』
『お金持ちは、払う時に「ありがとう」と言う。』
『20代にやっておいてよかったこと』
『ほんのささいなことに、恋の幸せがある。』
『高校時代にしておく50のこと』
『中学時代にしておく50のこと』
『お金持ちは、お札の向きがそろっている。』
『明日いいことが起こる夜の習慣』

【PHP文庫】
『お金持ちは、お札の向きがそろっている。』
『たった3分で愛される人になる』
『自分で考える人が成功する』
『大人の友達を作ろう。』
『大学時代しなければならない50のこと』
『なぜ彼女にオーラを感じるのか』

【三笠書房・知的生きかた文庫 / 王様文庫】
『たった60分でその後の人生が変わる本』
『読むだけで気持ちが楽になる88のヒント』

【説話社】
『あなたにはツキがある』
『占いで運命を変えることができる』

【大和書房】
『結果がついてくる人の法則58』

【だいわ文庫】

『30代でしなければならない50のこと』
『20代でしなければならない50のこと』
『なぜあの人の話に納得してしまうのか』
『なぜあの人は気がきくのか』
『なぜあの人は困った人とつきあえるのか』
『なぜあの人はお客さんに好かれるのか』
『なぜあの人はいつも元気なのか』
『なぜあの人は時間を創り出せるのか』
『なぜあの人は運が強いのか』
『なぜあの人にまた会いたくなるのか』
『なぜあの人はプレッシャーに強いのか』

【ファーストプレス】
『「超一流」の会話術』
『「超一流」の分析力』
『「超一流」の構想術』
『「超一流」の整理術』
『「超一流」の時間術』
『「超一流」の行動術』
『「超一流」の勉強法』
『「超一流」の仕事術』

【PHP研究所】
『30代にやっておいてよかったこと』
『もう一度会いたくなる人の話し方』
『【図解】仕事ができる人の時間の使い方』
『仕事の極め方』
『【図解】「できる人」のスピード整理術』
『【図解】「できる人」の時間活用ノート』

【PHP文庫】
『中谷彰宏　仕事を熱くする言葉』
『スピード整理術』
『入社3年目までに勝負がつく77の法則』

【三笠書房】
『[最強版] あなたのお客さんになりたい！』

【三笠書房・知的生きかた文庫／王様文庫】
『お金で苦労する人しない人』

【オータパブリケイションズ】
『せつないサービスを、胸きゅんサービスに変える』
『ホテルのとんがりマーケティング』
『レストラン王になろう2』
『改革王になろう』
『サービス王になろう2』
『サービス刑事』

【ビジネス社】
『あなたを成功に導く「表情力」』
『幸せな大金持ち　不幸せな小金持ち』
『右脳でオンリーワンになる50の方法』
『技術の鉄人　現場の達人』
『情報王』
『昨日と違う自分になる「学習力」』

『「反射力」早く失敗してうまくいく人の習慣』（日本経済新聞出版社）
『大きな差がつく小さなお金』（日本文芸社）
『35歳までにやめる60のこと』（成美堂出版）
『人生を変える 自分ブランド塾』（成美堂出版）
『伝説のホストに学ぶ82の成功法則』（総合法令出版）
『富裕層ビジネス　成功の秘訣』（ぜんにち出版）
『リーダーの条件』（ぜんにち出版）
『成功する人の一見、運に見える小さな工夫』（ゴマブックス）
『転職先はわたしの会社』（サンクチュアリ出版）
『マンガ版 ここまでは誰でもやる』（たちばな出版）
『人を動かすコトバ』（実業之日本社）
『あと「ひとこと」の英会話』（DHC）
『オンリーワンになる仕事術』（KKベストセラーズ）
『子どもの一生を決める46の言葉のプレゼント』（リヨン社）

〈恋愛論・人生論〉

【中谷彰宏事務所】
『リーダーの星』
『楽しい人生より、人生の楽しみ方を見つけよう。』
『運命の人は、一人の時に現れる。』
『ヒラメキを、即、行動に移そう。』

中谷彰宏の主な作品一覧

〈ビジネス〉

【ダイヤモンド社】

『なぜあの人はすぐやるのか』
『なぜあの人の話に納得してしまうのか［新版］』
『なぜあの人は勉強が続くのか』
『なぜあの人は仕事ができるのか』
『なぜあの人は整理がうまいのか』
『なぜあの人はいつもやる気があるのか』
『なぜあのリーダーに人はついていくのか』
『なぜあの人は人前で話すのがうまいのか』
『プラス１％の企画力』
『こんな上司に叱られたい。』
『フォローの達人』
『女性に尊敬されるリーダーが、成功する。』
『就活時代しなければならない50のこと』
『お客様を育てるサービス』
『あの人の下なら、「やる気」が出る。』
『なくてはならない人になる』
『人のために何ができるか』
『キャパのある人が、成功する。』
『時間をプレゼントする人が、成功する。』
『会議をなくせば、速くなる。』
『ターニングポイントに立つ君に』
『空気を読める人が、成功する。』
『整理力を高める50の方法』
『迷いを断ち切る50の方法』
『初対面で好かれる60の話し方』
『運が開ける接客術』
『バランス力のある人が、成功する。』
『映画力のある人が、成功する。』
『逆転力を高める50の方法』
『40代でしなければならない50のこと』
『最初の３年その他大勢から抜け出す50の方法』
『ドタン場に強くなる50の方法』
『いい質問は、人を動かす。』
『アイデアが止まらなくなる50の方法』
『メンタル力で逆転する50の方法』
『君はこのままでは終わらない』
『30歳までに成功する50の方法』
『なぜあの人はお金持ちになるのか』
『成功する人の話し方』
『超高速右脳読書法』
『なぜあの人は壁を突破できるのか』
『自分力を高めるヒント』
『なぜあの人はストレスに強いのか』
『なぜあの人は落ち込まないのか』
『なぜあの人は仕事が速いのか』
『スピード問題解決』
『スピード危機管理』
『スピード決断術』
『スピード情報術』
『スピード顧客満足』
『一流の勉強術』
『スピード意識改革』
『アメリカ人にはできない技術　日本人だからできる技術』
『お客様のファンになろう』
『成功するためにしなければならない80のこと』
『大人のスピード時間術』
『成功の方程式』
『なぜあの人は問題解決がうまいのか』
『しびれる仕事をしよう』
『「アホ」になれる人が成功する』
『しびれるサービス』
『ネットで勝つ』
『大人のスピード説得術』
『お客様に学ぶサービス勉強法』
『ｅに賭ける』
『大人のスピード仕事術』
『スピード人脈術』
『スピードサービス』
『スピード成功の方程式』
『スピードリーダーシップ』
『大人のスピード勉強法』
『一日に24時間もあるじゃないか』
『もう「できません」とは言わない』
『出会いにひとつのムダもない』
『お客様がお客様を連れて来る』
『お客様にしなければならない50のこと』

著者紹介 **中谷 彰宏**（なかたに・あきひろ）

1959年、大阪府生まれ。早稲田大学第一文学部演劇科卒業。
84年博報堂入社。
CMプランナーとして、テレビ、ラジオCMの企画、演出をする。
91年、独立し、㈱中谷彰宏事務所を設立。
ビジネス書から、恋愛エッセイ、小説まで多岐にわたるジャンルで、
数多くのベストセラー、ロングセラーを送り出す。

感想など、どんなことでもあなたからのお手紙をお待ちしています。
僕は、本気で読みます。　中谷彰宏

（中谷彰宏公式サイト）
http://www.an-web.com/mobile/

（モバイル中谷塾）
http://nakatanijuku.jp/

QRコードの読み取りに対応したカメラ付き携帯電話で左のマークを読み取ると、中谷彰宏公式サイトのモバイル版にアクセスできます。右のマークを読み取ると中谷彰宏の著作が読める「モバイル中谷塾」にアクセスできます。対応機種・操作方法は取扱説明書をご覧ください。

視聴障害その他の理由で活字のままでこの本を利用できない人のために、営利を目的とする場合を除き「録音図書」「点字図書」「拡大写本」等の制作をすることを認めます。その際は、著作権利者、または出版社までご連絡ください。

中谷彰宏は、盲導犬育成事業に賛同し、この本の印税の一部を㈶日本盲導犬協会に寄付しています。

会社《かいしゃ》を辞《や》めようかなと思《おも》ったら読《よ》む本《ほん》

2012年11月20日　第1刷発行
2012年12月20日　第2刷発行

著　者——中谷彰宏《なかたにあきひろ》
発行者——荻野善之
発行所——株式会社 主婦の友社
〒101-8911　東京都千代田区神田駿河台2-9
電話　03-5280-7537（編集）　03-5280-7551（販売）
印刷所——中央精版印刷株式会社

■乱丁本、落丁本はおとりかえします。お買い求めの書店か、主婦の友社資材刊行課（電話 03-5280-7590）にご連絡ください。
■内容に関するお問い合わせは、主婦の友社書籍・ムック編集部（電話 03-5280-7537）まで。
■主婦の友社が発行する書籍・ムックのご注文、雑誌の定期購読のお申し込みは、お近くの書店か主婦の友社コールセンター（電話 0120-916-892）まで。
＊お問い合わせ受付時間　土・日・祝日を除く　月～金　9:30 ～ 17:30
主婦の友社ホームページ　http://www.shufunotomo.co.jp/

 ISBN978-4-07-285787-8